北大教育學文庫　　劉雲杉　主編

社會與教育

陶孟和　著

商務印書館

序

北京大學的教育學科具有悠久的歷史。如果從京師大學堂一九〇二年建立師範館算起，我們至今有一百一十八年的歷史，當然師範教育與教育學科不能完全等同。另一方面，北大教育學科的歷史并非連續而未中斷的。抗戰期間，北大與清華、南開三校先後在長沙和昆明分別組建臨時大學和西南聯大，教育學科也伴隨着這段特殊歷史而顛沛流離。聯大期間新建的師範學院爲雲南基礎教育提供了師資，對提升當地的基礎教育水平做出了貢獻。抗戰勝利後，一九四六年三校北歸，西南聯大的師範學院留在了昆明，發展成爲今天的雲南師範大學。〔一〕一九四九年，教育學科被移出北大，調整到其他院校，於是北大無獨立建制教育學科的空白狀況一直持續到一九八〇年。一九八〇年，教育學科在北大以高等教育研究室的形式重建，隨着國家改革開放政策的實施和對教育事業的重視，教育學科也逐步發展起來。二〇〇〇年，北大將高等教育研究所和電化教學中

〔一〕據曾任西南聯大師範學院院長的黄鈺生介紹：「師院建院時，將原北大教育系、南開哲學心理教育系的教育組及雲南大學教育系師生劃歸聯大院。」見黄鈺生：《回憶聯大師範學院及其附校》，載西南聯大北京校友會編：《我心中的西南聯大：西南聯大建校七十周年紀念文集》，清華大學出版社二〇〇八年版，第二百六十八—二百七十二頁。

心予以合并，在此基礎上成立了教育學院，成爲綜合大學建立教育學院的表率。

二〇二〇年正好是北大教育學科重建四十周年、教育學院建立二十周年。爲了慶祝學科重建的不惑之年，我們正在做三件事情：一是整理和編纂北大教育學科從建立以來百餘年的發展歷史，以《學堂興 師道立》這本書的形式呈現出來；二是邀請師生撰寫求學問道的回憶啓示録，辑成《學術之道》文集；三是把歷史上北大學人撰寫的教育研究方面的著作和教材，有選擇性地進行影印，彙爲「北大教育學文庫」出版。本序是對上面第三項工作的一個説明。上述第一和第三項工作在商務印書館的支持下進行，第二項工作在北京大學出版社的協助下開展。

對於北大教育學科發展歷史以及我們正在開展的工作，我想做如下兩點説明。第一，北大是現代中國高等教育的産物，北大的辦學實踐本身就是一部大學教育學術史，這方面的研究已有豐碩的成果。例如，在華東師範大學教育系編選的《中國現代教育文選》〔一〕的作者群中，就包括曾在北大任教和任職的多位學者，如蔡元培、陳獨秀、魯迅、李大釗、胡適、梁漱溟、江隆基等。此外還有一些學者，他們的研究工作具有較强的專業性，其重要性僅爲業内所知，但他們的工作同樣值得進行回顧和總結，這是我們開展此項工作的重點。第二，就教育學科而言，其學科邊界比較模糊，所以北大研究教育問題的學者或者發表過教育論著的學者，絶不僅僅限於教育系和師範學院，而是遍布多個學科，比如社會學、哲學、歷史學等，自然形成一個多學科的格局，這個

〔一〕華東師範大學教育系編：《中國現代教育文選》（修訂版），人民教育出版社一九九八年版。

特點對於我們認識教育規律十分重要，因此，這些論著都在我們的收録範圍之内。

我們選印的教育著作和教材，已經有數十年甚至上百年的歷史，再版這些學術著作有什麼價值呢？它們有没有過時呢？我想分别從歷史和超歷史性兩個方面講一下我們的想法。首先，從歷史方面看，這些文獻是中國教育學科現代化過程的真實寫照，作爲一種學術的歷史呈現本身是不會過時的。中國教育學科的現代化至今仍然没有完成，可以説，過去的研究工作是我們今天研究工作的前奏，我們今天的研究工作是過去研究工作的續曲。其次，從超歷史性方面看，過去的學者與今天的學者一樣，都試圖透過教育活動的表象去認識抽象的規律，這些規律會超越特定的歷史階段和範圍，具有恒久性和普遍性。

對於超歷史性，最近讀了一些材料，稍有心得，允我多寫幾筆。早期的北大教育學科是在一批學貫中西的學者手中建立起來的。他們大多接受過程度不一的中國傳統教育，也有不少人留洋接受過西方教育，他們用在西方大學習得的理性思維去審辨中國傳統的教育實踐，中西古今的融通性和對比感十分强烈，對於中西文化制度下的教育特徵及其價值有着獨到和真切的感受，其思想的廣度和深度不在今人之下。這些特點反映在他們的學術著作和行動中。比如，蔡元培先生剛到德國留學時就發現，德國的教育「在課程上，重推悟不重記誦；在訓育上，尚感化不尚拘束」〔一〕。蔡先生在德國留學時，主修心理學、倫理學和美學，他對於教育的理解和所采取的行動指南，主

〔一〕蔡元培：《辛亥那一年》，載高平叔編：《蔡元培全集》第七卷，中華書局一九八九年版，第一百零九頁。

要基於他對中西兩種文化觀下教育的理解。一九一六年，他長校北大時，就采取「無論何種學派，苟其言之成理，持之有故，尚不達自然淘汰之命運，即使彼此相反，也聽他們自由發展」〔一〕的治校方針。他聘請胡適來北大任教也是因爲其「舊學邃密」和「新知深沉」。〔二〕

再如，與蔡元培先生相似，蔣夢麟也接受過中西教育。留學美國時，他從農學轉到教育學，還接受過哲學和歷史學教育，對於中西文化有着同樣深刻的理解。在《西潮》一書中，他講到一個有趣的例子。有一天，他和杜威、胡適在北平西山看到一只蜣螂推着一個小小的泥團上山坡。它先用前腿來推，然後又用後腿，接着又改用邊腿。泥團一點點往上滚，快到坡頂時忽然滚回原地。蜣螂這樣反復多次，一次次地嘗試，又一次次地失敗。蔣夢麟和胡適都不約而同地贊嘆這個小蟲的恒心毅力。杜威却説，它的毅力固然可嘉，但其愚蠢却實在可憐。蔣夢麟寫道：「這真是智者見智，仁者見仁。同一東西却有不同的兩面。這位傑出的哲學家是道地的西方子弟，他的兩位學生却是道地的東方子弟。」〔三〕蔣夢麟通過這個事例想要説明中西文化之間的差異，從而揭示更深層次上的不同，這個不同表現在官覺世界和理性世界，「知易行難」和「知難行易」兩種對知行關係的不同認識，道德宇宙和理智宇宙，「學以致用」和「爲知識而知識」兩種不同的學用關係。

〔一〕蔡元培：《我在教育界的經驗》，載高平叔編：《蔡元培全集》第七卷，中華書局一九八九年版，第二百頁。

〔二〕蔡元培：《我在北京大學的經歷》，載高平叔編：《蔡元培全集》第六卷，中華書局一九八八年版，第三百五十頁。

〔三〕蔣夢麟：《西潮・新潮》，嶽麓書社二〇〇〇年版，第二百五十六—二百五十七頁。

在上述二分類中，中國偏向於前者，而西方偏向於後者，造成了兩種不同的知識體系和認識論特徵。無獨有偶，與杜威幾乎同期訪問中國的英國哲學家羅素也提出，「西方文明與衆不同的優點就是科學方法，而中國文明的最具特色的長處就是對人生歸宿的合理解釋」〔一〕。其他學者，如梁漱溟等，都對中西文化及其知識觀有着深刻的認識，今天讀他們的作品仍然深受啓發。總之，中國的現代化，中國教育的現代化，就是吸收西方文化以改造自身文化的過程。「我們將在儒家知識系統的本幹上移接西方的科學知識。儒家的知識系統從探究事物或大自然出發，而以人與人的關係爲歸趨；西方的科學知識系統也同樣從探究事物或大自然出發，但以事物本身之間的相互關係爲歸趨，發展的方向稍有不同。」〔二〕教育學者未必像哲學家那樣深切關注中西文化對於知識的影響，但是這種中西比較觀肯定會在其著述中有所反映，這種反映一定是深刻和深遠的，是其超歷史性的表現。

參與此項叢書選編工作的幾位同事告訴我，在收集和整理學科史料的過程中，他們不斷有「驚喜」發現，我們的先輩做了很多令人嘆爲觀止的學術工作，有些是開創性的，過去我們對此知之甚少。學術既有歷史理解的一面，也有歷史局限性的另一面。對於歷史理解的一面，正像章學誠所言，「不知古人之世，不可妄論古人文辭也；知其世矣，不知古人之身處，亦不可以遽論其文也」〔三〕。對

〔一〕〔英〕羅素：《羅素論中西文化》，楊發庭等譯，北京出版社二〇一〇年版，第八十九頁。
〔二〕蔣夢麟：《西潮·新潮》，嶽麓書社二〇〇〇年版，第二百五十三頁。
〔三〕章學誠：《文史通義·文德》，中華書局一九六一年版，第六十頁，轉引自羅志田：《變動時代的文化履迹》，復旦大學出版社二〇一〇年版，第九頁。

於歷史局限性的一面，需要我們采取去粗取精、去僞存真的態度和方式予以加工和改造。有鑒於此，我們希望讀者在閱讀過程中，可以處理好歷史與現實之間的關係。

我們選印了三本著作作爲本套影印叢書的第一輯，其中既有過去已經出版的，也有首次刊布發行的。這三本著作分别是：蔣夢麟的*A Study in Chinese Principles of Education*（《中國教育原理》），陶孟和的《社會與教育》，姜琦和邱椿的《中國新教育行政制度研究》。如果條件允許的話，我們今後還會把這項工作繼續進行下去。學術是公器，套用社會學家戈爾茨的話，我們現在所做的事情，不是研究北大的教育學科，而是在北大研究教育學科。

北京大學教育學院院長　閻鳳橋

二〇二〇年九月二十日於燕園

教育如何能貼近社會并滋養人性？

陶孟和《教育與社會》導讀

王利平

陶孟和（一八八七[一]—一九六〇），著名社會學家，原名陶履恭，字孟和（後改爲以字行，署名見於一九二四年《太平洋》和《國聞周報》等。又署孟和，見於《新青年》等處。出版有《孟和文存》）。生於天津，祖籍浙江紹興。其父陶仲明在晚清翰林嚴修創辦的嚴氏家塾（南開學校前身）任塾師，一九〇一年陶仲明去世之後，嚴修改定了先人所設立的義塾課程，并在陶家設學，陶孟和繼續在嚴修的私塾中求學。一九〇四年，嚴修將家塾英文館改爲敬業中學堂，陶孟和爲敬業中學堂師範班學生。一九〇六年，敬業中學堂建新校於南開，改稱爲南開中學，陶孟和在南開中學畢業之後留校任教，同年以官費生資格赴日留學，在東京高等師範學校學習歷史學與地理學。一九一〇年，再次以官費生的資格赴英國倫敦大學攻讀經濟學與社會學，師從霍布豪斯（Leonard

[一] 關於陶孟和的出生年説法不一。根據《職員一覽》（載國立北京大學編：《國立北京大學廿十周年紀念册》，北京大學一九一八年版）和《中國科學院副院長陶孟和先生逝世》（《科學通報》一九六〇年第九期，第二百八十九頁），應爲一八八七年。

Trelawny Hobhouse，一八六四—一九二九）和韋斯特馬克（Edvard Alexander Westermarck，一八六二—一九三九），并於一九一三年獲得社會學博士學位。

同年歸國後，陶孟和先後在商務印書館和北京高等師範學校任職，并最終於一九一四—一九二六年在國立北京大學任教。一九二四年又兼任燕京大學教授。在北大教書期間，陶孟和開設了「社會學」「社會問題」「教育社會學」「社會心理學」和「社會學倫理」等課程。一九二六年，陶孟和受庚款基金董事會（後爲中華教育文化基金董事會）之托，籌劃組建了社會調查部，并擔任秘書一職。一九二九年，社會調查部改名爲北平社會調查所，陶孟和擔任所長一職。一九三四年北平社會調查所與中央研究院社會科學研究所合并（於一九四五年一月改稱爲「社會研究所」），陶孟和仍任所長一職。一九三四年初至一九四一年下半年，曾先後在北平、天津、江寧和蘭溪等縣市從事社會調查，後到江蘇、安徽、浙江、河南、陝西、雲南、貴州和四川等省的縣市進行專題調查，并編著《中國之縣地方財政》。抗日戰爭期間曾以無黨派民主人士身份於一九三八年六月至一九四五年四月當選第一、二、三、四屆國民參政會參政員。一九三九年九月任三民主義青年團中央監察委員會監察。一九四八年四月當選爲中央研究院院士。一九四九年中華人民共和國成立後，擔任政協全國委員會常務委員、政務院文化教育委員會委員、中國科學院副院長、中國科學院圖書館館長兼聯絡局局長、社會研究所所長和全國人民代表大會代表等職。

陶孟和一生著述頗豐，在倫敦大學求學時期，他與同學梁宇皋一同搜集大量資料，用英文編寫了《中國鄉村與城鎮生活》（*Village and Town Life in China*）一書。陶孟和歸國後積極投身於中國的社會調查活動，於一九二八年完成《北平生活費之分析》（上海社會調查所，一九三〇）一書的寫作，同樊弘、李景漢等人一同爲中國社會學的調查研究創造了良好的開端。除此之外，陶孟和的著述還包括《北京人力車夫之生活情形》〔一〕、《孟和文存》，以及由講義而整理出版的《社會與教育》（商務印書館，一九二二）、《現代心理學》（新潮社，一九二二；北京大學出版部，一九二三）、《社會問題》（商務印書館，一九二六）等。同時，作爲關注社會進步和國家發展的知識分子，陶孟和還在《新青年》《新教育》《太平洋》《努力周報》和《現代評論》等刊物上，發表了《人類文化之起源》《社會》《女子問題》《新青年之新道德》《社會調查》《歐戰以後的政治》《中國的人民的分析》《論大學教育》《新歷史》和《貧窮與人口問題》等文章，涵蓋多個議題，影響頗爲廣泛。〔二〕

教育社會學的理念

陶孟和《社會與教育》一書是他教育社會學理念的集中闡發，也是第一部由中國社會學學者

〔一〕　此書是陶孟和幫助北京社會實進社寫出的社會調查報告，原文爲英文。北京社會實進社在一九一四—一九一五年進行了這項名爲「洋車夫生活狀況調查」的項目。

〔二〕　上述内容整理自陳玉堂編著：《中國近現代人物名號大辭典》，浙江古籍出版社一九九六年版，第七百九十一頁；熊尚厚、嚴如平編：《中華民國史資料叢稿·民國人物傳》（第十一卷），中華書局二〇〇二年版，第三百五十九頁；徐友春編：《民國人物大辭典》，河北人民出版社一九九一年版，第一千零八十一頁；中國大百科全書總編輯委員會編：《中國大百科全書》（社會學卷），中國大百科全書出版社二〇〇四年版，第四百頁。

完成的教育社會學專著，首次發表於一九二二年，由商務印書館刊印。這一著作包含的核心理念與同時代教育學的轉向密切吻合，簡而言之，即教育不再執著於對理念的探尋，而是關注教育的現實狀况。比如，涂爾幹的學生福孔奈（Paul Fauconnet）對涂爾幹教育思想背景的論述中已經指出，從十九世紀末開始，教育社會學引領了新的方向。〔一〕當時，德國已經創造出了教育社會學的方法，美國也提出了教育社會學。德國的教育社會學主張從社會學角度來研究教育，更加注重爲社會生活培養人、培養公民的教育體制，即凱興斯泰納（Georg Kerschensteiner）所説的公民教育（civic education）。〔二〕美國則是把社會學當作一個主題引入課堂。涂爾幹所説的教育社會學，是用心理

〔一〕涂爾幹：《道德教育》，陳光金等譯，上海人民出版社二〇〇一年版，第三一四頁。

〔二〕凱興斯泰納（Georg Kerschensteiner，一八五四—一九三二），德國著名教育學家。凱興斯泰納提出了公民教育（civic education）理念，他將職業教育看作是公民教育的關鍵。通過公民教育性質的職業教育，人們能够培養與他人爲了共同的善好而共事并控制自身所處環境的能力。凱興斯泰納提出的這種教育理念之核心目的在於爲公民社會（civic society）服務，其中就包含了受教育者對於國家和政府的服務。從這個意義上看，凱興斯泰納的公民教育理念也包含有培育人們管理組織機構的能力，在這些組織中人能够互相溝通、交流，彼此了解。凱興斯泰納的上述教育理念被認爲同美國著名的教育學家約翰·杜威（John Dewey）頗爲相似。尤其是凱興斯泰納所處的時代背景正值德國經濟民主化時期，以德國職工參與的企業管理（Mitbestimmung）爲例，這種經濟生活方式已經成爲推動德國經濟發展的關鍵，并且帶給在企業中的德國勞動者有力支持。具體可見 Christopher Winch, “Georg Kerschensteiner: Founding the Dual System in Germany,” *Oxford Review of Education*, Vol. 32, No. 3, 2006。

學和社會學的成果去尋求行動原則或教育改革原則的反思性工作。〔一〕社會學向它通常的敵人宣戰，在道德、政治學甚至是政治經濟學等領域，系統闡述那些能够保證個人或民衆獲得最大幸福的規定，却没有首先充分考慮他們的生存狀况。〔二〕雖然，從陶孟和的著作中我們無法看到他是否受過涂爾幹的直接影響，但是涂爾幹的這一主張，即不去先驗設定應該如何教育而是考慮真正的教育情况，却正是他講授教育社會學的初衷。

《教育與社會》完成於陶孟和在北京大學講授「教育社會學」時期，在授課過程中陶孟和主要受到了史密斯（Walter Robinson Smith）〔三〕出版的《教育社會學導論》（*An Introduction to*

〔一〕涂爾幹：《道德教育》，陳光金等譯，上海人民出版社二〇〇一年版，第二百八十一頁。

〔二〕涂爾幹：《道德教育》，陳光金等譯，上海人民出版社二〇〇一年版，第二百八十一頁。

〔三〕史密斯（一八七五—一九三七），二十世紀初美國教育社會學家，一九〇七年博士畢業於芝加哥大學，一九〇三年起先後在華盛頓大學的歷史和政治科學系和堪薩斯大學的社會學系任教，見 *University of California, Berkeley, Register, 1924-24: With Announcements for 1924-25 (Vol. 2)*. University of California Press, 1924。代表作有《教育社會學導論》（*An Introduction to Educational Sociology*，1917）、《建設性的學校紀律》（*Constructive School Discipline*,1924）和《教育社會學的准則》（*Principles of Educational Sociology*，1928）等。在《教育社會學導論》一書中，史密斯尤其强調教育的社會性。不同於十九世紀末期美國教育研究所采取的心理學方法，史密斯强調自己對於教育問題的討論要以群體（group）爲單位，并以此作爲教育社會學研究的基本路徑。見 Walter Robinson Smith, *An Introduction to Educational Sociology*. Houghton Mifflin, 1917；邱椿：《邱椿致胡適》，載《傳斯年全集》第五卷，湖南教育出版社二〇〇〇年版，第二十頁。

Educational Sociology）和克勞（Frederick Redman Clow）〔一〕（Smith對Clow的評價文獻應該是一九一七年）的《社會學原理的教育應用》（*Principles of Sociology with Educational Applications*）這兩本書的影響〔二〕。關於這兩本書的著者，現在很難找到材料去還原，但這兩本書的確代表了當時美國教育社會學的一般取向。其中，克勞的書在内容和編排上對陶孟和的著作影響比較大。比如克勞談及的社會構成元素，包括人口和地理區位（涵蓋地理、氣候、物理特徵和交通），還有人的社會性與溝通。而在談及社會組織的時候，從以家庭爲基礎的初級群體一直擴展到政府和民主制度，這樣的結構安排都反映在陶孟和的著作中。同時，兩者都體現了很强的社會進步與改良的旨趣。與克勞相比，史密斯對陶孟和教育思想的影響更加顯著，下文還有具體論述。《社會與教育》一書被廣泛認爲是中國教育社會學創立的標志之一。在陶孟和寫就此書之前，朱元善就曾編撰了《學校與社會訓練》一書，由商務印書館刊印，這是一本以學校教育爲核心論述教育方

〔一〕克勞（一八六三—一九三〇），一八九九年博士畢業於哈佛，一八九五—一九三〇年間先後任教於芝加哥大學的經濟學系、密歇根大學的社會學系和奥什科什師範大學。見 *The Daily Northwestern (Oshkosh, Wisconsin)*. July 7, 1930, pp. 1, 4。另外，克勞和史密斯在教育社會學上有過直接交流，史密斯對於克勞的《社會學原理的教育應用》予以肯定，尤其强調社會學知識在教育團體和機構中的應用。史密斯認爲克勞對教育者而言特别有用。見 Walter Robinson Smith, “Review: *Principle of Sociology with Educational Applications* by Frederick R. Clow,” *American Journal of Sociology*, Vol. 26, No. 5, 1917。

〔二〕「本書材料多借資於英美的著作，就中特以采用斯密斯（即史密斯）及克勞的兩個著作爲較多。我應該申謝。」見本書「序言」第一頁。

法的文集。〔一〕雖然書中有對於教育同社會關係的討論，但是直至陶孟和《社會與教育》一書的出版，才真正有關於社會構成的系統知識，以及爲何教育要靠對社會的理解和認識來奠基的討論，并以此爲基礎對傳統教育學以個體爲對象、關注個人修養的培養的思路進行了批判，認爲其忽略了真正的個體以及個體生存所依賴的社會和共同生活。

具體來説，陶孟和認同史密斯的主張，認爲以往的教育過多關注教（instruction）的方面，過多强調教的方法，似乎教育一直是針對個人的事務，教育思想也一直從哲學思想中來，而不是對社會的研究。而順應現代社會和國家的需要，教育首先要從家庭、宗教組織乃至特殊的學校傳統中解脱出來，成爲真正的公共事業。正如古柏萊（Ellwood Patterson Cubberley）〔二〕對史密斯的論述所概括的那樣：「教育應該要服務於能够爲更多人争取民主的機會并且能够讓個體更好地服務

〔一〕肖朗、許劉英：《陶孟和與中國大學教育社會學學科的發端》，《高等教育研究》二〇一〇年第一期。

〔二〕古柏萊（一八六八—一九四一），美國教育家，教育管理領域的先驅。曾爲史密斯《教育社會學導論》一書作序。他的職業生涯大部分時間是在加利福尼亞州的斯坦福大學教育學院擔任教授，後來成爲院長。古柏萊强調美國教育的崛起是提高識字率、民主和平權的强大力量，也是高等教育和高級研究機構的堅實基礎。他主張對無知、削減成本和傳統主義進行啓迪和現代化，尤其在這些傳統中，父母試圖阻止孩子們在智力上進入更廣闊的世界。古柏萊幫助激發學生成爲公立學校的教師，從而完成了自己的公民使命。古柏萊是當時最重要的教育管理理論家之一，在他的職業生涯初期，學校行政管理没有理論或科學依據，没有正式的教科書教授教育管理。古柏萊指出教育管理者應僅從經驗中學習。確實，教育行政管理職位通常不受重視，幾乎不需要正規的教育培訓，大多數大學甚至缺乏教育部門。

於國家。」〔一〕此前的教育一直從學校的個別傳統中尋找滋養，而不是將學校納入其中的廣大的社會環境。而當社會民主化和複雜程度日益升高，學校和其他社會組織之間很難分離，孤立的學校傳統已經不再能夠勝任教育的責任。這是擴張中的公立學校的處境，也是史密斯及與他同時代的杜威等討論教育與民主社會關係的出發點。社會把教育接受過來，教育的目的也不再是個人的幸福，而是更大程度的社會福利。「希臘和羅馬教育期望能夠培育强健的身體和强健的心靈。」〔二〕一直到中世紀，教育都是有關如何看護個人的靈魂的學科，直到盧梭。在裴斯泰洛齊（Pestalozzi）、福禄貝爾（Froebel）和赫爾巴特（Herbert）那裏，教育才有了一些社會目標。教育一直把精神性文明的傳遞作爲最根本的目的，而這是以個體爲目標的教育理想。而二十世紀初期的教育理念，受到杜威的影響，認爲個人應該在有强健的身體和靈魂、能够傳遞文明精神之外，還能够和他生活的環境有積極而協調的關係。不以社會服務爲目的的教育是有害的，因此史密斯指出：「有强健身體與靈魂的人能够同樣行善和爲惡，這經常被證明。」〔三〕

〔一〕 Walter Robinson Smith, “Review: Principle of Sociology with Education Applications by Frederick R. Clow,” *American Journal of Sociology*, Vol. 26, No. 5, 1917, Edito's Introduction.

〔二〕 Walter Robinson Smith, “Review: Principle of Sociology with Education Applications by Frederick R. Clow,” *American Journal of Sociology*, Vol. 26, No. 5, 1917.

〔三〕 Walter Robinson Smith, “Review: Principle of Sociology with Education Applications by Frederick R. Clow,” *American Journal of Sociology*, Vol. 26, No. 5, 1917.

史密斯對教育的社會性的論述極大地影響了陶孟和。一方面，陶孟和認同教育面對的是心靈，是對個體性情的培養。比如在書中第六章，他指出，教育無法抹去個人，教育的心理學作用，如情緒、思想、觀念和意志都屬於個人。而良好的教育能够培養個人「深厚的情緒」〔一〕，這個情緒可能是道德感，更可能是人對於世界的感受力。但是如何才能讓人懷有深厚的情緒？傳統的關注個人內在修養的教育方式并不是理想的方案。陶孟和雖然對傳統的士的教育着墨不多，但却是他思考現代教育出路的一個基本出發點。他談到，教育不能只是倡導高尚的理想，如果辦教育的人不知道社會情狀，那就是「與實際生命不相連屬」〔二〕。如果脱離社會而追求高尚的理想，陶孟和稱之爲「精神的自殺」〔三〕。這一問題在近代中國，尤其是庚子以後變得日加顯著，因爲原來的士的階級逐漸膨脹，一方面原來的前途（如書院、幕僚）被廢止，另一方面，「生活程度增高，所以黠智者變成高等游民，交納權貴，奔走游説，爲政府或是私人的食客，抱本守拙者變爲事務員、書記的人才，充滿各衙署局所」〔四〕。如果教育仍然以傳統修養爲目標，無視社會巨變，它就會不斷造就這樣一些無用且墮落的職業志向，成爲社會的消極影響。而若想讓教育有所出路，讓教育對個人有所助益，就要讓它能够面向社會現實。

〔一〕本書第二十八頁。
〔二〕本書第四十六—四十七頁。
〔三〕本書第二十七頁。
〔四〕本書第三十五頁。

這個社會現實，是近代巨變中逐漸展露的現實，它需要藉助新的概念工具、新的理想觀念，才能够把握得住。這就是陶孟和所倡導的社會學所要完成的事業。社會學關注個人之間的共同生活，它并不是由簡單的社會理想構成的，而是包括複雜的層次和精妙的關係，它是總體性的生活世界，而且必須藉助現代社會學的方法才能够揭示出來。這是此書第三、五、八、九、十、十二、十三章着重闡述的内容。簡而言之，人的存在不是孤立的，不能脱離遺傳和與環境的關係。人所處的周遭環境，包括自然環境，比如地理、氣候、土壤、河道分布等，會長期塑造人與環境互動的方式，從而影響人的性格、氣質和觀念。它也包括社會環境，比如人口增長、流動而帶來的人口密度的變化，依托一個地方地理、物産而形成的特殊産業結構等，皆會對人性格、氣質的形成，乃至人生選擇産生深遠的影響。他們整體對人的ethos産生影響。當我們討論教育制度的時候，必須看到制度并不是空中樓閣，而是建立在對人與環境關係的充分把握之上。反過來，正因爲教育能够貼近社會基礎，它能够滋養人對於自己所居之地方乃至國家的感情紐帶，并進而培養一種有益的道德熱忱：「所謂地方感情并不是盲目的崇拜鄉土，乃了解地方，對於地方的前途希望，表熱誠的同情。」〔一〕陶孟和對道德教育必要性的認識，和史密斯著作中貫穿的精神高度一致。史密斯認爲，教育不僅僅是知識的，首先是情感的和道德的。道德是風俗（mores），是社會化的習俗，它表現爲個體的習慣，對群體長期的生活至關重要。「道德教育不僅要求正確的倫理洞察，更要求形塑

〔一〕 本書第六十九頁。

行爲道德習慣的訓練。」〔一〕

而在諸多社會因素中，陶孟和尤其詳細討論了家庭、鄰里、國家和成訓（即傳統）。值得注意的是，在他看來這些社會因素并不是單純作爲制度在起作用。在輯入《孟和文存》的《社會》一文中，陶孟和指出「個人之關係，准乎制度，以爲活動」〔二〕。然而制度并不是固定不變的，尤其要看到制度維繫的基礎是富有觀念的人。所以，制度雖然可以「範圍關係」，但制度之進化，仍需落實到個人之責任。所以無論有多完備的制度，如果「没有程度相當之人民」〔三〕就都是無用的，甚至有可能把制度踐踏、侮辱和利用。而這正是陶孟和在民國初年看到的政治亂象。在把握民情方面，他寄望於社會調查。以北京人力車夫的研究爲例，陶孟和用它揭示人力車夫的生存現狀和北京地方生計交通的關係，對社會事實的揭示不和擁護階級或是黨派的意見、利益挂鈎，從而能够對社會衛生等制度做出有益建議。〔四〕

因此，在《教育和社會》中，陶孟和提到家庭制度，并不着眼於制度安排，而是强調教育社會學要看到人在家庭制度中得到什麼，即人的社會性在家庭之中的表達。家庭承擔基本的經濟功能，

〔一〕 Walter Robinson Smith, "Review: Principle of Sociology with Education Applications by Frederick R. Clow, " *American Journal of Sociology*, Vol. 26, No. 5, 1917.

〔二〕 陶孟和：《社會》，載《孟和文存》，上海書店出版社二〇一一年版，第六頁。

〔三〕 陶孟和：《中國的人民的分析》，載《孟和文存》，上海書店出版社二〇一一年版，第八頁。

〔四〕 陶孟和：《北京人力車夫之生活情形》，載《孟和文存》，上海書店出版社二〇一一年版，第一百一十七—一百二十七頁。

又是讓人習得等級關係等基本政治觀念的場所，甚至通過祭祀祖先等儀式成爲孕育宗教精神的地方。儘管現代學校對家庭的功能多有侵蝕，但家庭仍然是最親近最有效的教育場所。只有在家庭之中才能對人的氣質秉性有最貼近的觀察，這是學校不能替代的。在家庭之中，人感受到慈愛（與弗洛伊德所謂高尚化的性欲類似），而慈愛之情則是人類本能中最社會性的情感，它從家庭中孕育并可以擴充到社會之中。如果慈愛的情緒得不到滿足，就會產生義憤，而這就是法律和公道的基礎。可以說，社會上的法律和公道都不是完全靠制度可以維繫的，而是靠着人更爲堅實的心理態度。

同樣，鄰里是家庭之外的基本組織，比如原民的部落、現在的村落，它包括法國的Commune、日耳曼及盎格魯－撒克遜的村落社會和俄國的Mir。鄰里村落不僅是政治自治的基本單位，而且還是人民的真實生活所在。和史密斯類似，陶孟和看到，鄰里雖然保存了地區的偏見，但却是展現自治生活最有活力的地方。〔一〕社會生活的豐富，包括教育、宗教、美術，都要依托小地方團體來維持、沿襲和改變。政府的力量是鼓吹和指導，而真正可行的進步却需要以鄉里爲榜樣。進一步來説，「個人的理想行爲最先表現在家庭和鄰里裏。在家庭和游戲場裏發生的理想，

〔一〕 Walter Robinson Smith, “Review: Principle of Sociology with Education Applications by Frederick R. Clow,” *American Journal of Sociology*, Vol. 26, No. 5, 1917.

擴張起來，也是先到鄉里裏」〔一〕。北方的鄉村，有青苗會，農村與農村的結合，設立聯莊會，專爲救火防水禦盜之事。它們經濟上相互依賴，發展出一種團結的社會精神，所以「鄉間的人，大概都是守法、真實、和氣、有道德心」〔二〕的。而城市化對鄉里關係的打破則帶來深重的後果，那就是農人無組織，「他們的生產不能稱爲產業」〔三〕。他們的事業是個人的孤立的企業，他們受到別的產業操縱，但是因爲自己無組織，不能操縱旁的產業。所以，鄉村教育的核心就在於能够恢復保存農村生活的社會性。要讓鄉下人安居鄉村，不只是他們的事業要有相當的收入，維持他們的生活，而且要讓他們有社會交際、社會娛樂的機會，還要讓他們有發展知識的機會。只有通過植根於地方的教育，才能培養學生知曉地方性的需要和義務，并且培養一種服務於地方的精神。正如史密斯所言：「唯有如此才能够讓我們擺脱那種『比你崇高』（holier than thou）的感覺，受這種感覺支配，我們在遥遠的地方、不同的階層當中只看到惡，而對自己的敗壞不察。」〔四〕

無論是談及家庭還是鄰里，陶孟和都强調貫穿其中的社會生活，它能養育健康正直的道德情感，而後者是教育的根本目的。這是他認爲單純的制度建設無法企及的地方。所以，陶孟和回到

〔一〕本書第一百五十八頁。
〔二〕本書第一百七十頁。
〔三〕本書第一百七十二頁。
〔四〕Walter Robinson Smith, "Review: Principle of Sociology with Education Applications by Frederick R. Clow," *American Journal of Sociology*, Vol. 26, No. 5, 1917.

社會成訓（傳統）的問題上。社會成訓，即傳統，包括知識、技術、風俗、習慣、制度。傳統中最實貴的部分是人生活賴以依存與進步的技術和知識，作爲文明成果，它們賦予人生活的能力。而社會成訓還包括風俗習慣。陶孟和尤其談到了風尚（mores）：古希臘社會將各個社會固有的特殊的習慣、觀念、標准和典章稱爲ethos，而羅馬稱最廣義的風俗爲mores，凡是風俗中有益於福利的、奥秘的，和有神聖權威的，都可以用這個詞包括。陶孟和將其稱爲風尚，强調它和狹窄的倫常不同，代表社會風氣，但又没有道德那麼高。風俗習慣中包括判斷與律條，對人脅迫，要求人服從。在野蠻社會裏，風俗僵硬，勢力强大。在進步文明的社會裏，風俗習慣常是駁雜而有彈性的。風俗習慣起源在古先，甚至是無意識地發生，它不是神秘而抽象的義理，而是在社會上一般人的或者説群衆的生活中保存。風俗習慣不能獨立存在，而必須内化於社會生活中。然而社會生活是在不斷變化的，因而風俗習慣也逐漸在改變。改革風俗習慣非常緩慢，用鼓吹、宣傳、政治和法律的方法來推行，都不是很有效，最根本的方法是教育。陶孟和點出教育的根本作用是推動社會風尚的改革。無論是日本、普魯士愛國主義教育，還是美國民族融合爲國族的教育，其根本推動力在於教育長期對社會風尚的塑造，而不是政府法條的推動。而教育對風尚的推動，尤其應當注意如何能通過内在反思能力而不斷維持彈性，即逐漸的然而時常進行的改革。「風尚有趨於固定、板滯的傾向。幼年受了風尚的熏陶，即易變爲固定的型相。這也是危險。」〔一〕風尚不是dogmatic的，

〔一〕本書第一百二十一頁。

而風尚的維持和改革，都尤其仰賴於教育内在的批評能力。

可以説，陶孟和認爲學校雖然是諸多社會組織的一員，但是學校對社會整體却承擔了其他社會組織無法承擔的責任，那就是對社會的風尚與制度的傳遞以及改造的責任。〔一〕雖然教育以每一個個體的健康與幸福爲己任，但個體的智識、情感、道德的豐富與進步却與家庭、鄰里以及更廣泛的社會風尚密切相關，教育社會學即是將這一層關係打開。教育不再是個體修養的提高和改善，也不僅僅是制度知識與技術的傳承，而是能够培育和改革社會風尚的。陶孟和在書的最後部分討論了民治思想與國家的關係，可以説是他這一思想最凝練的表達。

陶孟和對「一戰」中各個國家的命運有深刻同情，他也深切感受到國家主義擴張帶來的陰影，他認爲現代國家承認主權至上，但是以「國家至上」觀念爲基礎的組織，絶不能適應人類的大同生活。在《孟和文存》中，他在談及留學生問題和公民教育的問題時，多次談到愛國情感之重要。比如，他認爲留學生必須在去國之前接受完備的國内基礎教育，因爲年幼的人對於祖國的觀念太單薄：「這裏所説的對於祖國的觀念并不是指愛國心，乃是了解其所居的國家的情形的意思。所以他們對於本國真正的情形終覺隔膜，更不知道從何盡力起。」〔二〕因爲不了解國内的情形，健康的愛國情感無從培育，最好的結果就是養成一個良善的外國居民。這裏提到的愛國情感，并不

〔一〕本書第一百二十六頁。
〔二〕陶孟和：《留學問題》，載《孟和文存》，上海書店出版社二〇一一年版，第一百五十三頁。

是簡單的愛國主義。陶孟和恰恰反對各種以主義爲中心的教育，他感嘆現代人總是對於問題有一個主義的主張，然而對於實際情形缺乏認知，并進而缺乏真正爲他者的道德情感。

那麼究竟什麼是愛國主義？史密斯說教育不是培養操弄政治的政客，也不以知曉治國術爲終極目標，而是能够培養思想獨立但却能够爲群體生活發揮作用的個體。教育培養愛國者，史密斯指出：「富有動力的愛國主義只有在群體的情感生活中才能够培育出來。」〔一〕現代國家的地位不取決於精英的智慧，而是取決於整體國民的社會標准、社會習俗和實踐能力。〔二〕社會道德和穩定對於國家長治久安至關重要，許多國家的衰落是社會組織的衰落。教育不僅能提高國民的經濟生活能力、提供職業訓練，更重要的是能維持社會生活的活力和强度。所以，在陶孟和看來，國家只是總體性社會的一個構成部分，政治并不代表超越社會生活的意志，我們要看到國家本質上是人民的某種共同生活，而政府不過是其中的一個制度。成爲公民當然要了解政治制度，但是如果只重視政治制度則只會培養狹隘的國家主義和以政府爲唯一重要的社會組織。要看到，政府不過是政治生活的一方面，還有家庭、學校、職業國際等組織（「公民教育」）。現代教育應包含公民教育，公民教育并不只是教授抽象的公民權利與身份，而是要深入教授社會如何組織，包

〔一〕 Walter Robinson Smith, "Review: Principle of Sociology with Education Applications by Frederick R. Clow," *American Journal of Sociology*, Vol. 26, No. 5, 1917.

〔二〕 Walter Robinson Smith, "Review: Principle of Sociology with Education Applications by Frederick R. Clow," *American Journal of Sociology*, Vol. 26, No. 5, 1917.

括人口、職業、移民、種族、家族和鄉村種種。從根本上來説，國家制度并不是凌駕於個人之上的力量，而是人民政治生活的表現。一個社會的組織、標准和風俗與習慣，會影響國家力量的强弱和意志的表達。比如家庭生活和政治生活表面無關，但是家庭的氛圍不好，産生的個人在政治活動上的道德程度就很低，長遠來看會敗壞國家力量。所以充實公民素質才是國家力量的體現。一國文化的高低，首先要看公民的素質水平。因此，國家的强弱最後落實在國家之中的人是否有責任心和道德感，能够推動群體的事業，根本則在於教育是否有效。

陶孟和進而從國家談到民治思想。現代社會趨於建立民主制度，但是民治的根本理念并不是建立一種新的政治制度，而是一種「聯合的生活」，一種「共同經驗的交通」。〔一〕人們因爲要共同生活，所以要産生維繫共同生活的事物，個人對這個事物不能任意獨行，而是要有相當程度的自我改變。所以，種族、階級乃至國家之間的隔閡，要隨着共同生活的融洽而被逐漸打破。與同時代杜威等教育家思考的問題相同，陶孟和看到民治的根本在於如何創造富有動力而强韌的真正的共同生活。在民治社會中，教育的任務極重，因爲「在各種制度之中，民治是最費事、最不經濟、最負責任」〔二〕的。在獨裁社會中，只需要一人或是少數幾人負責任，然而在民治社會中，每個人都要努力和負責任。所以一個不肯努力的人和不肯負責任的人，在民治社會中是没有自己

〔一〕本書第一百九十八頁。
〔二〕本書第二百一十頁。

位置的，不知道他所應做的事業爲何的。人類如果願意省事、經濟、少負責任，就能過好的生活，最好采用開明專制。但是民治仍然是最高的理想，在其中，個人能够盡其所長，發揮他的真我，他能够擁有豐富的生命，那整個社會必然也會更繁盛，而不止於安居樂業。所以民治社會的理想不止於社會秩序的安寧，而是能够融合個體差異，讓每個個體實現其豐富的生命。這樣的社會對個體提出極高的要求，那些身心怠惰、意志薄弱、追求安逸的人都無法勝任在民治社會中的生活。人必須有能够在差異紛呈的社會中過共同生活的能力，需要對自己盡責任，需要對他人有深刻的理解同情力，必須有相當的知識程度，才能够養成自治的能力。不然，社會就會破裂。民治社會容易滑向無治的社會，它要麼限於紛爭擾亂，要麼產生很多的野心家來滿足自己的欲望。失敗的民治社會產生政奸（demagogue），政奸不是人民的真領袖，但其能利用人民的弱點來滿足自己自私自利的野心。民治國家容易產生一種狂熱，崇拜低能的領袖。因此教育就格外重要。教育讓人習得自由的能力，人不僅能够懂得選擇和辨識，而且知曉知識越高，責任越重。

從生活之道來理解社會

從陶孟和關於教育社會學的論述中可以看到，教育的社會性包含多個層次：教育必須回到現實教育狀況而不是純粹的教育理想；教育以培養合作精神、服務和改善社會爲目標；更重要的是，社會指的是總體性的社會關係的表達，它包含經濟和政治生活，代表最根本的人的生活狀況。可以説人的社會性，并不只是他的現實表達，而更代表了某種道德理想。在這一方面，陶孟和與史密斯及其他同時代教育社會學家有所不同——他强調教育在打開社會生活的同時，要回到有真情實感的個體身上，要在現實中對個體性情有最確切的把握。而讓個體打開眼界，深刻領略社會組織的深處與時代的變遷，才能够最大程度上豐富個體的道德情感。

陶孟和關於教育要面向社會事實的理念和同時代許多知識分子遥相呼應。陳獨秀就曾强調社會與教育的統一關係，并指出：「教育是社會的必需品。」〔一〕後來擔任北京大學校長的蔡元培也數次强調教育同社會發展的重要關係，并身體力行，推動北京大學的教育體制改革。創立南開大學的張伯苓也以教育之本土化作爲目標，指出：「吾人爲新南開所報之志願，不外『知中國、服務中國』二語。吾人所謂土貨的南開，以中國歷史、中國社會爲學術背景，以解决中國問題爲教育目標的大學。」〔二〕黄炎培在一九一五年赴美考察三個月之後，意識到職業教育對於國家發展的重要意義，并回國創辦中華職業教育社和中華職業學校，旨在通過職業教育「爲謀個性之發展，爲個人謀生之準備，爲個人服務社會之准備，爲世界及國家增進生産力之准備」〔三〕。與黄炎培等人對於教育同現實社會之服務關係的緊密聯繫相似，陶行知强調教育本身必須要爲解决社會問題服務，「不能解决問題的，不是真教育」，并同時提出「生活即教育，社會即學校」的著名教

〔一〕任建樹等編：《陳獨秀著作選》（第二卷），上海人民出版社一九九三年版，第二百四十三頁。
〔二〕梁吉生：《張伯苓的大學理念》，北京大學出版社二〇〇六年版，第二十六頁。
〔三〕黄炎培：《黄炎培教育文選》，上海教育出版社一九九三年版，第二百零八—二百一十頁。

育觀念。〔一〕

這些理念也表現在受到陶孟和著作影響的同時期教育社會學課本的寫作中。比如從雷通群、盧紹稷、陳翊林、錢歌川和蘇薌雨等人的教育學讀本〔二〕中，我們都可以看到陶孟和思想的影響。這些著作都强調教育不僅是心理學的，更要着眼於人在社會中的教育，同時，與傳統教育重視文化守成的保守意味不同，教育社會學有很强的進步主義改良理想。家庭、鄉村、國家和民主社會是從教育社會學中構成社會視野的基礎。然而對比這些著作，可以看到在對教育的社會性的認知上，陶孟和無疑是最有反思性的。

首先，陶孟和看到面向社會的教育，意味着教育受衆的擴大。正如他在《大學課程問題》一文中所言，大學原本是爲了滿足貴族或高級社會的子弟需要的教育機關，是貴族生活的裝飾、有閑階級的消遣，由文藝來突出階級的高貴，課程更注重古典知識。現代大學從十九世紀開始就傾向於平民教育，比如英國地方大學（曼徹斯特大學、利茲大學和伯明翰大學）與美國州立、市立大學的勃興。〔三〕大學在此情形下，需要解决兩個問題，一是適應社會的需求，一是傳遞與積累文化。同時，面向社會事實也意味着要看到教育在社會之中的特殊地位。〔四〕教育不是萬能的，它受限

〔一〕胡曉風等主編：《陶行知教育文集》，四川教育出版社二〇〇五年版，第三頁。
〔二〕如雷通群：《教育社會學》，商務印書館一九三一年版；陳翊林：《教育社會學概論》，中華書局一九三三年版。
〔三〕陶孟和：《大學課程問題》，載《孟和文存》，上海書店出版社二〇一一年版，第一百六十三—一百六十四頁。
〔四〕陶孟和：《教育的效力》，載《孟和文存》，上海書店出版社二〇一一年版，第一百三十九—一百四十頁。

於特定社會的構成與狀態，社會道德的陷落不能完全歸因於教育在振拔人心方面的失敗，而是要看到教育因爲在社會中受了什麼樣的限制而不能充分施展。這是教育作爲社會生活一部分必然面對的限制。但任何時候，更要看到教育不同於其他社會組織，它應該成爲社會的良心與反思的泉眼。在一系列討論歐戰、政治現狀和貧困問題的時論文章中，陶孟和多次强調制度建設恐怕是不足的，甚至是失敗的，然而這不能成爲個人怠惰責任心的藉口。教育如果能夠振奮個人的意志力，能夠提升人的精神境界，它就能夠成爲社會變革真正的推動力。

而更重要的是，陶孟和强調教育面對的是有生命、有性情的人，這是教育能夠服務和改良社會的根本所在。這就回到教育與社會的第二層關係，教育如何通過對社會的發現而定位人的價值，這是同時代人包括史密斯在内論述教育社會學時較少着力之處。教育社會學并不止於讓人明瞭人的社會性和教育的社會價值，而且能夠通過對人的社會生活的關注而讓人的精神更有厚度，并讓人明白人的社會生活爲什麼是值得向往的。在更深層的思考上，這是對民治社會中，因爲局限於關注人的權利與競爭，而使人性有可能變得更加單薄的某種防範。

比如，陶孟和論述什麼是社會。「社會」是「人與人相集之團體」，因其永存，不同於「動物之聚散靡常」。[一] 社會之關係，至繁至密。它不等同於公司、學校或任何某一特定團體，而所有這些團體一起構成人的全部生命，它是總體性的社會關係。社會學的教育意義就在於能夠揭示這些

〔一〕陶孟和：《社會》，載《孟和文存》，上海書店出版社二〇一一年版，第四頁。

團體或者關係背後迥異的精神或者理念。比如我之於父母、兄弟姊妹、妻子，「是皆與生養攸關，可稱爲生命之關係」〔一〕；我在日常勞動和事業之中與他人共處，「是爲經濟的或事業的關係」〔二〕；我在國家主權下，「負責任、享權利，是爲政治的關係」〔三〕。更進一步，我們與他人心靈交通，「有所進益、增益思想」〔四〕，是爲智識的關係；而崇高信仰，潔己修行，「明人人之道」〔五〕，是爲倫理的關係。這些關係都將充實人的心靈。這些繁複的社會關係，構成社會生命的整體，而本質是觀念。所謂的社會制度，「非具體之制度」〔六〕。就具體制度深究其本，「咸不外乎一種道理之表象」〔七〕。從歷史和經驗上去研究這些社會關係的安排及其背後是其所是的觀念，才構成社會學理想。它們能够從道理和觀念上揭示出社會組織安排的内在價值，這也是社會學的教育意義所在。

對此，陶孟和直言，中國人對生活之道，素來欠缺研究。他回憶在劍橋大學藏書地方翻閲各地志書，見到江蘇某縣志書中載有該處人民業蠶桑，每日清晨有貧民「植立橋畔待雇，日得工資

〔一〕陶孟和：《社會》，載《孟和文存》，上海書店出版社二〇一一年版，第四—五頁。
〔二〕陶孟和：《社會》，載《孟和文存》，上海書店出版社二〇一一年版，第五頁。
〔三〕陶孟和：《社會》，載《孟和文存》，上海書店出版社二〇一一年版，第五頁。
〔四〕陶孟和：《社會》，載《孟和文存》，上海書店出版社二〇一一年版，第五頁。
〔五〕陶孟和：《社會》，載《孟和文存》，上海書店出版社二〇一一年版，第五頁。
〔六〕陶孟和：《社會》，載《孟和文存》，上海書店出版社二〇一一年版，第六頁。
〔七〕陶孟和：《社會》，載《孟和文存》，上海書店出版社二〇一一年版，第五頁。

若干文，不得者皆懊喪回家」〔一〕。陶孟和認爲其寫出了人民經濟狀況，如經濟競爭、生活程度和實業問題等，而且志書中還有風俗和婚喪禮節，但是這些信息都過於簡單。他從中看到，中國人欠缺對生活之道的理解。他寫道：生活包含兩個意思，一就是生存的意思，而更深一層則是生活之道，指的是諸如「家庭生活、宗教生活，乃是人所特長」，即文明之意。「文明愈高，則人的生活之道愈精細，愈高尚」，所以人不是只求生活，還需要去求生活之道：「若生活不得其道，則寧可捨去生活，亦不爲憾」。〔二〕社會學要以探索生活之道爲目標，讓人明瞭社會生活安排之道，并進而豐富而非貧乏對人的理解，而不是停留在理解抽象的權利、義務與社會團結之需要。

更進一步，讓個體明瞭生活之道，不是知識分子的理想，而是民治社會中全民教育的理想。陶孟和多次討論平民教育的重要性。然而，平民教育不只是識字教育，爲了讓工人能够看懂廣告單，讓車夫可以認識街道，厨司可以記賬，那樣就太「褻瀆平民教育的尊嚴了」〔三〕。人認識了字是爲了「開拓眼界，發展心靈，發展意志」〔四〕。所以，有關社會的知識應該成爲平民教育的內容。同時，對社會的知識不僅是經驗的，也是觀念上的、富有精神性的，能够在超出經營日常生活的維度上，提供日常工作生活應該爲何的道德理想。陶孟和高度贊揚德意志戰時之教育改革，認爲

〔一〕陶孟和：《社會調查》，載《孟和文存》，上海書店出版社二〇一一年版，第六十頁。
〔二〕陶孟和：《社會調查》，載《孟和文存》，上海書店出版社二〇一一年版，第六十頁。
〔三〕陶孟和：《論平民教育運動》，載《孟和文存》，上海書店出版社二〇一一年版，第一百四十七頁。
〔四〕陶孟和：《論平民教育運動》，載《孟和文存》，上海書店出版社二〇一一年版，第一百四十七頁。

德國國民教育不應該只被認作軍國主義教育，而要看到它提供了一種他稱爲「文化共和」的理念和實踐。比如，德國平民教育，不只是補習學校和短期集會，也十分注重歷史、文學、社會改良、倫理、哲學和宗教。并不是追求高深之學術，而是陶冶人格，開通眼光，設科之宗旨，「不爲智識，不圖功效，而惟求其及與精神道德之影響」〔一〕。精神性在陶孟和看來是民治教育最容易忽視而尤其應該着力之處。

正如涂爾幹在講到審美教育和道德教育的關係時指出，雖然道德以紀律爲基礎，對藝術的偏愛恰恰需要擺脱現實的限制，兩者似乎道不相同，但是對藝術快樂的偏好，一定伴隨某種超越自我的傾向，也就是某種超脱或無私。〔二〕當一個人唤起對美的喜愛的時候，我們就打開了通向無私與犧牲的道路。任何能够讓個人傾心於超出自我經驗目標的事物，都能在他身上培養道德根基的習慣與傾向。藝術藴含着「對各種最粗俗的物質利益的漠視、超脱和疏遠」〔三〕。因此，藝術能够爲我們的感情和意志增添一種精神的色彩。這有助於我們理解陶孟和倡導之文化共和的理想。在他寄望於平民教育能够在最基本的職業訓練之上，讓勞動者體驗到超出日常經驗的文化生活。在他看來，這才是勞動者尊嚴所在。平民教育不只是勞動者的技能或是職業訓練，而是能發展勞動

〔一〕 陶孟和：《德意志戰時之教育改革》，載《孟和文存》，上海書店出版社二〇一一年版，第一百四十七頁。
〔二〕 涂爾幹：《道德教育》，陳光金等譯，上海人民出版社二〇〇一年版，第二百五十八頁。
〔三〕 涂爾幹：《道德教育》，陳光金等譯，上海人民出版社二〇〇一年版，第二百六十三頁。

者的精神。用陶孟和轉引自魏奇（Eduard Weitsch）〔一〕的話説，勞動者對其從事的職業要有深遠的眼光，「須以非常之精神，從事於故常之事業」〔二〕。所以，平民教育不應成爲黨派運動，也不應專謀某一階級的利益，它和社會黨或勞動黨提倡的勞動者教育相異。它的目標應在於如何使物質的事業富有精神的含義，讓高尚生活普及市民，使得市民有自我發展之機會，那麽人人都能覺悟其責任心。

陶孟和的這一理念與他對經濟生活和職業的研究旨趣密切相關，囿於篇幅，筆者無法在此一一展開。在陶孟和看來，英、法、美諸邦的共和理想，最早限於政治，并一直以政治爲核心，民之所争常爲自由，爲平等，爲政權。而在現代工業社會之中，權利之争更是表現爲利益之争，并且不受任何約束地在經濟生活中蔓延開來。這是他在進行北平人力車夫和生活費研究時目睹的現狀。無論是城市的貧民，還是鄉村失去原有土地産業支撑的流離失所的農民，他們在物質匱乏之外，更面臨着缺乏能够照顧他們身心穩定的社會生活，他們面臨物質與道德精神的雙重赤貧。而這樣一種狀况的改善在現有的市場框架内是無法實現的。這個問題和涂爾幹論述職業倫理在現代社會的缺失有共通之處。涂爾幹説，商業職業本身缺乏組織的狀况，帶來一個後果，就是在社

〔一〕愛德華·魏奇（Eduard Weitsch，一八八三—一九五五），德國教育學家、小學教師和平民教育理論家。他被認爲是魏瑪時期平民教育新方向的代表人物。見 Josef Olbrich, *Geschichte der Erwachsenenbildung in Deutschland*. Opladen: Leske, 2001, p. 446。

〔二〕陶孟和：《德意志戰時之教育改革》，載《孟和文存》，上海書店出版社二〇一一年版，第一百九十九頁。

會生活的整個領域，很難建立職業倫理。〔一〕無論是古典經濟理論還是現代社會主義理論，都要麽認爲經濟協約的自由法則可以調節自身，不需要外在的約束力；要麽認爲可以通過物質材料的再分配來改變内部的無序。但是這些觀點都忽略了一個現實，就是如果没有道德紀律，就不可能有社會功能，否則就只剩下個體欲求了，如果個體欲求本來就是無限的，得不到控制，就不能控制自身了。競争衝突一旦爆發，就無法將其引入正常的發展，因爲它不知道哪裏才是限制，即便達成短暫的和平，它也没有任何道德的基礎。所以，經濟生活中一定充滿了摩擦和衝突。如果我們把混亂無序的狀態當成我們趨附的理想狀態，「那麽我們就會把疾病與健康混爲一談」〔二〕。涂爾幹因此説：「人類的秩序狀態與和平狀態，不可能依靠純粹的物質根源或盲目的機械論而自發地形成。」〔三〕要改變這一狀況，就要看到經濟生活本身不是目的，不過是社會生活的一部分，而社會生活的和諧，尤其是結合心靈與意志的和諧，才是根本的目標。

和涂爾幹類似，陶孟和同樣把社會作爲一個優先的總體性的存在，無論是經濟生活還是政治制度，不過是社會生活的某一個組成部分。所以，對勞動者來説，工作除了滿足生存意義上的物質需要之外，最重要是提供健康的社會生活。如同涂爾幹追溯起源於羅馬的宗教社團（collegium）

〔一〕涂爾幹：《職業倫理與公民道德》，渠東、付德根譯，上海人民出版社二〇〇六年版，第十四頁。
〔二〕涂爾幹：《職業倫理與公民道德》，渠東、付德根譯，上海人民出版社二〇〇六年版，第十四頁。
〔三〕涂爾幹：《職業倫理與公民道德》，渠東、付德根譯，上海人民出版社二〇〇六年版，第十四頁。

的法團（corporation）組織時指出，法團原本并没有專注於狹隘的職業特徵，積累資本發展企業這樣的功利目標是次要的，雖然它也會組織起來維護團體的共同利益，但這樣的活動并不是它存在的最主要理由。法團首先是一個宗教社團，法團各自尊奉的神靈、儀式和節日，對成員的生老病死有所看顧，具有羅馬家族組織的明顯特徵，法團成員之間有深厚的兄弟情誼。雖然法團組織不能直接對應中國傳統社會的各類組織，超越物質利益的利他精神在陶孟和早期英文著作*Village and Town Life in China*中却多有提及。他多次提到中國家庭之中體現的利他精神（altruism），即忘却自我，它的原動力并不是爲了凸顯一種德行（personal distinction），讓别人期許的犧牲，而是對家庭代表的社會生活的全身心投入。中國的家庭關係并不是完全的血緣關係，而是一種社會生活，出於對傳統的敬意，才把人團結起來，對家人的情感也擴展到直系親屬之外。〔二〕這樣的道德情感同樣密切地滲透在鄰里、宗教和各類有形或是無形的社會組織中，所以傳統中國社會雖然遭遇普遍的貧困，没有良好的基礎建設，但是它有多種形式的社會組織，有些是隱而不現的臨時組織（ephemeral organizations），它們提供互助，照顧人的生老病死。在陶孟和看來，貧窮狀態普遍但是社會紐帶和社會生活的强度很高，這種狀况比貧富懸殊、社會關係瓦解破裂要好得多。當回到令人沮喪的現代社會貧困問題的時候，陶孟和敏鋭地看到，現代的職業生活要解决的不僅僅是生

〔二〕梁宇皋（L. K. Tao）、陶孟和（Y. K. Leong）：《中國城鎮與鄉村生活》（*Village and Town Life in China*），商務印書館二〇一五年版，第七十五頁。

存和利益問題，更進一步的是它是否能够恢復社會紐帶，滋養社會生活，讓人找到歸屬的和平與快樂，而不是在與對手的競争中迷失自己。〔一〕正如涂爾幹所説，人越社會化，他的文明程度就越高，他就越能超脱利益之争，越能感受到和平的快樂。〔二〕如果平民教育在提供基本職業訓練之外，能够重建勞動者的社會生活，那才是它的目標所在。

結　論

本文從陶孟和《教育與社會》出發闡發了何爲「教育具有社會性」的理念。陶孟和認爲教育「重在發達群性」〔三〕，意味着學校是社會組織的一部分，學校的制度組織和整個社會的情境密不可分，教育不僅要培養人協同合作的能力與責任感，更要培養人對自己身處的社會情境有所洞察的能力。這樣的教育才能够面向現實。但教育的社會性并不意味着教育以適應社會爲根本目標，陶孟和倡導之社會性首先是一個道德理想。如同同時代教育思想家杜威所言，如果教育只是以適

〔一〕涂爾幹是這麼來描述爲什麼社會生活是值得向往的：「所以，當個體共同擁有同樣的利益，他們的目的就不僅在於維護這些利益，或通過同伴之間的結合來保證自身的發展。甚至説，他們結合在一起，只是爲了快樂，他們可以融入同伴之中，不再會感到在他們的對手中迷失自己，這種快樂也是共同生活的快樂，簡言之，就是用同樣的道德目標來引導他們的共同生活。」見涂爾幹：《職業倫理與公民道德》，渠東、付德根譯，上海人民出版社二〇〇六年版，第二十八頁。
〔二〕涂爾幹：《職業倫理與公民道德》，渠東、付德根譯，上海人民出版社二〇〇六年版，第二十二頁。
〔三〕陳獨秀、李大釗、瞿秋白等：《隨感録》（四），載《新青年》（第四卷），中國書店二〇一一年版，第二百六十五頁。

應社會爲目標，它必然是短視的。[一] 因此，杜威指出對於教育而言，心理學所建立的道德基礎蔚爲關鍵：「在一個進步的（progressive）社會裏面，對於個體來説，最安全而又最確定的適應社會的方式，就是承認他的心理學而不是社會學的基礎。」[二] 所以，關於社會事實的知識當然重要。陶孟和在社會調查中一直强調，東方教育注重理念，而西方教育注重實踐，這是西方教育的優勢。但是，如果學校教育的社會事實只是經驗和技術層面而没有道德理念的支持的話，就會淪入虚無，就如同我們在「一戰」中看到，科學技術没有「公正之理想」的支持，就會淪爲危險。[三] 因此，教育的社會性首先是一個道德理想。

這一道德理想表現在陶孟和將社會認同爲優先於政治和經濟。從他寫作《留學問題》《大學課程問題》和與國家主義相關的一系列文章中，我們可以看到他有深摯的愛國情懷，體現在他一直强調中國大學要立足於自己的現實培養自己的人才，并且能够傳達自己文明中的理念。但國家對於陶孟和來説，首先并不是制度，而是共同生活。政治乃社會關係的一種，與其他部分乃至我們切身生活之家庭，有相互依存關係，它首先不是一個權力位置，「當恃個人之道德的努力、同僚之同情的協助」[四]。同樣，陶孟和也批評經濟利益博弈之觀點忽視了完善社會生活的重要性。

〔一〕邱椿：《邱椿致胡適》，載《傅斯年全集》第五卷，湖南教育出版社二〇〇〇年版，第二十頁。

〔二〕王利平：《如何培養行動力：杜威論現代教育的雙重危機》，《北京大學教育評論》第十六卷第一期，二〇一八年。

〔三〕John Dewey, *Lectures in the Philosophy of Education*. New York: Random House, [1899]1966, p. 92.

〔四〕郭秉文、陶孟和：《調查教育報告》，《北京大學日刊》第三百九十期，一九一九年。

所以他指出平民教育不能退化成職業培訓，不能只是爲了讓勞動者更好適應市場，不被其淘汰，而更應該讓他們有完善的社會生活，有高出於日常需要之上的文化向往。

陶孟和的教育社會學理想從個人擴展到社會，但最終受到社會形塑的觀念和情感又能够返回個人自身，豐富他的生命，這或許是對我們今天討論教育社會學的啓發。

北京大學叢書之六

社會與教育

陶孟和著

序言

社會與教育的關係有多方面，本書所討論的當然有限，不能詳盡。我希望讀者更進而讀書尾所列的各參考書，補本書的不足。我更希望讀者注意兩種活的問題：一種是現在實際的社會問題與教育的關係，一種是實際的教育問題與社會的關係。

本書內容曾在北京大學講過兩次。今年始將講演之稿整理清楚出版。我應該感謝聽講者的，就是因爲他們，我可以對於這個問題有思想與講演的機會。

本書材料多借資於英美的著作，就中特以採用斯密斯及克勞的兩個著作爲較多。我應該申謝。

陶孟和　十一，四，十五。

社會與教育目錄

參考書目

社會與教育

第一章　何爲社會學

社會學在各種科學裏是最幼稚，最後發達的．他的最簡單的界說是研究人羣的一種科學，考究人羣關係的原理，解釋人羣生活的狀態．社會學這個名詞最先是法國的孔德（Auguste Comte）在一八四二年所著的實驗哲學（Cours de Philosophie positive）裏頭用過的．英國斯賓塞等藉着孔德所設的基礎研究社會，也就沿用這個名詞．此後許多學者繼續把社會分析解釋爲科學的研究，社會學遂成立爲專門科學，歐美各大學裏也把他設爲專科．孔德以後社會學初現於世的四五十年間，學者對於他的性質頗有非難之辭．他們以爲社會學不過將歷史，倫理，經濟等已成立的科學彙集別爲一科，不能成爲獨立的科學．近來經了多年的研究學者對於這學科所研究的範圍，漸有一致的意見．

社會學的觀念，有廣義狹義兩種．廣義的觀念，以爲凡屬人羣生活的事情，都屬在社會學範圍之內.例如歷史,政治學,經濟學,就應該屬在社會學內.因爲歷史是記載人羣活動的事蹟的學問,政治學是研究人羣政治組織的學問,經濟是研究人羣經濟活動的學問.但是近來因爲各種學術的範圍一天比一天擴大,材料一天比一天繁雜,所以學術界最首要之務就是分工.各種學問雖然是互相關連,不能爲絕對的區分,然也可以自爲統系.一種學問不能把所有的學問都包括起來.學者要把研究的工夫分出來做.所以現在把歷史,政治,經濟等作爲專科,稱爲社會的科學,(Social Sciences) 又稱爲人羣的科學.（有稱人的科學的,終嫌不適當.因爲研究人的科學很多,如生理,醫學,不能算爲人羣的科學.）換一句話說,就是歷史,政治,經濟,都是研究人羣一方面的狀態.各科有各科專門的問題.所以只可以認爲與社會有關係的學問,不能全都攬入社會學範圍以內.狹義的社會學只把社會作爲研究的對象,考求關於社會的原理,家族,部落,國家,教會,凡是人羣組織的團體都要研究.

社會的研究分爲四部分:

一,社會之起源,這就是社會發生的研究.人類最初有結合的基礎.一定有所以結合的道理，結合的勢力．現今人類社會，發端太古，一定根原於古代的結合勢力，纔發展到現在的情形．例如母子的關係，在太古時代已經有的，現在親族社會（卽宗法社會）裏仍然有母子的關係．社會學者關於社會起源的研究，近年來頗有可覌之成績．

二，社會變遷．人類社會可以用有記載的歷史考察出來的已經經過幾千年．用人類學，古物學，遺風遺俗等的研究，更可以上溯至幾萬年．這幾萬年裏有許多變化，就着這許多變化的事實，追溯進退的道理，可以發見一種進化之徑路．向來歷史只記載有文化的人羣的故事，或是有記錄以後人羣變遷之事蹟．社會學是研究人羣自發生至現今變遷的原理和徑路．有人把這部分稱爲歷史的或敍述的社會學．

三，社會組織．專研究社會上各種組織的形式，例如風俗，制度，等等．這不是追溯社會之沿革，乃是剖解社會固有之情形，專就組織方面的研究．有人稱社會變遷的研究爲動的社會學，社會組織的研究爲靜的社會學．

四，社會改革．社會的生命是繼續不絕的．將來社會的情狀，要看現在社會如何．

假使我們考察過社會變遷的情形和社會進化之途徑，更把社會組織的道理都研究出來，我們就可以推測將來社會應該怎麽樣．假使現今社會有不滿足的狀態，我們也就可以用研究所得的成績，謀改良進步的方法．考察現今社會上種種勢力，明白他的道理，卽可以支配使合於理想之狀態．此爲社會學之應用方面．凡社會問題之研究，皆屬於此項．

科學向來有純粹應用的分別．純粹科學是專就事實考究原理通則．應用科學是把純粹科學所發見的道理應用在人的生活上．右方所述之社會學四部分也可別爲純粹與應用兩端．社會之起源，變遷，組織，三部分，都是就着社會上的事實爲學理的研究．尋繹社會的原理通則所以可稱爲純粹社會學．最後應用的一部分是把社會學理應用在人類生活上解決社會的問題．一般科學都可以按照他的性質分爲純粹與應用兩類，例如普通數學可稱純粹科學．力學，機械學就可稱爲應用數學，都是把數學的道理應用在人類生活上，增進人類物質上的幸福．又如心理學也可以有純粹心理學，和應用的教育心理學的分別．近來應用心理學治療精神變態，也是應用心理學之一種．但是純粹與應用的部分，並不是完全分立，乃是互相關係的．科學研究的發端，或者有時候，是完全由於人類的好奇心，但是科學研究的價值，却是看他在人類生活上有什麼功用．所以學者雖然是專心一志的研究純粹科學，但是他的功績却還是在改良人生上．這樣看起來，社會學有純粹應用的分別，不過是為研究的方便，並沒有嚴密的界限．

孔德按着實驗證明的程度和發達的次序把各種重要的科學分定階級．數學是科學中最容易證明的，在衆科學之最低級可以用為計算的標準．挨着次序的就是天文學，物理學，化學，生理學，和社會學．孔德說心理學是生理學的應用，是一種具體的科學，但是後人把心理學放在生理學(後改為生物學)及社會學之間．這個分階級法除去可證明程度的差別以外，還有別的程度差別可以尋繹出來的．

一，精確的程度．數學是最精確的學問．天文現象的通則就不及數學那樣精確．至於其餘的科學依次遞減他們精確的程度．例如天文學研究宇宙間的現象，所研究的個體極大，通則是普遍的．局部的變化不能產生極大的影響，所以較為精確．心理學是研究羣居的個人心理．環境偶然起了變化，就發生不同的影響．因他所研究的對象繁雜，所以不如天文學的精確．

二，簡繁的程度．科學的階級是由簡單趨於複雜．精確與複雜正是反比例．所以越是複雜的現象越是不精確．例如天文學是精確的，他的原理通則少而簡單．應用也就較爲普遍．生物學，心理學，社會學，是沒有天文學那樣精確，所以他們的原理通則也就較爲複雜．應用的範圍也就狹小．又如物理學專考究物質界現象，是簡單不變的．社會學研究複雜的個人所組織成極複雜有變化的團體．所研究的都是些極複雜的現象．

三，相互之關係．科學階級也可以按着他們的關係分別解釋．高一級的科學是從低一級的科學分枝出來的，要靠着低一級的科學纔能解釋道理．例如研究化學的須有物理學的知識，研究生物學的須有化學的知識，其餘皆可由此類推．研究社會要需用各種知識．

四，性質．科學的發達有一定之徑路．由普通的進至特殊的，由同質的進至異質的，由物理的進至心理的．複雜的科學是因爲先有簡單的科學發明纔成立的．例如現在研究社會要常用生物學心理學的道理來解釋纔可以明白因爲現在各種科學都有非常之進步，所以社會學纔可以應用各種物質的生物的科學知識，研究複雜的社會現象，獨立成爲一種科學．社會學有許多種科學的帮助，所以進步也極快．

五，發達之次第．論起時代來各科學的發達也是有先後的．數學發達最早，天文學經過許多時候纔漸漸從占星術脫離成爲科學．物理，化學從自然哲學鍊金術脫離，成爲獨立科學，是在十五世紀以後．生物學研究的萌芽，在十八世紀．心理學完全是十九世紀的產物．社會學成爲科學可以說是在二十世紀的開幕．古代思想低陋，科學的進步非常迂緩，對於社會科學除了希臘的學者，及中國的哲學家以外，可謂無所貢獻．但是零碎的知識積了這幾千年居然一步一步的由簡單的進至爲複雜的科學，都慢慢發明起來．現代科學的精神所以能大放光明，都是這幾千年以來科學研究的成績．我們當此科學發達的時代研究那最複雜的社會現象，將來的進步應該是極快的．

六，功用．各種科學的功用也有直接間接的不同．最有用的學問當然是研究人的學問．從前希臘的阿里斯多德說過的，人類所應該研究的就是人．上邊所說的幾種學問，雖然都是於人有用，但是深淺不同．例如關於宇宙間之知識是有用的，因爲宇宙間的變化也是影響我們人類，但是生物學之知識於我們更緊要．因爲我們也是生物，生物變遷的道理，當然也適用在人類上．這樣看起來，社會學之知識可以算是最切要的．因爲我們都是羣居的人類，羣居狀態有什麼道理，都是我們應該知道的．

人類結合的原理通則，是於我們最有用的知識．現在『社會改良』『社會改造』之呼聲不絕於耳．但是『改造』『改良』絕不是只從我們腦筋裏想出一種主義來就可以實行的．我們先要知道什麼是社會，社會上有什麼事實，什麼勢力，什麼程序，羣居生活有什麼狀態，纔可以談到改良改造．就着實在情形纔可以知道那樣須改良，那一部分須改造，社會固有之制度應該怎樣改革，纔可以增進人類共同之幸福．這是社會學應用的方面，也就是社會學最有用的方面．社會學與教育之關係就是應用社會學的知識，改良教育，把社會學所發見的道理，實施在教育上，社會學對於教育最大的功用就在這一點。

第二章　社會與教育的關係

向來教育的目的，教育的理想，雖然常有社會的理想做背景，大概都是重在個人的。中國的教育觀念就是以個人爲本位，例如荀子說的「學惡乎始，惡乎終？曰，其數則始乎誦經，終乎讀禮；其義則始乎爲士，終乎爲聖人。」又說「君子之學也，以美其身。」西洋的教育學史上，向來也是常重在個人。例如希臘，羅馬的教育觀念是謀心身兩方面的健全。柏拉圖說「教育是使身心達到他們可以達到的完滿。」到了中世紀基督教發達以後，又把道德放在教育的目的裏。但是教育家的目標還是在個人，使個人的能力有調和的發育。克美紐司（Comenius）說「教育是全人的發展。」至於教會的教育理想，是拯救個人的靈魂，私人的教育是爲個人的發展。後來到了十八世紀，教育學者先後著書立說，還是脫不了以個人爲本位。現在舉出三位最有名的教育學者所下的界說如左：

『教育的意思是使所有的能力爲自然的，進步的，有系統的發展.』（裴斯塔洛基）

『教育之目的在乎真實的，純潔的，神聖的生命之實現.』（福洛貝爾）

『教育之目的在產出平衡的，多方面的趣味.』（赫爾巴脫）

按着這些定義看起來，教育總是以修養個人爲本與人羣結社沒有什麼關係.

向來教育以個人爲主也有種種原因.教員所接觸的爲個人的學生，所注意的爲個人學生的氣質性情.教員直接的問題卽是訓練個人，使他有善言善行，有知識，所以教育家嘗抱個人主義的見解.這種見解又不只限於教育家.宗教家也是以個人能得救爲主.實業界崇拜個人的成功，社會上崇拜偉人英雄.崇拜個人並不是因爲人不是社會的動物，實在因爲我們不常注意人的社會關係和社會依賴.

但是歷來的教育學者也不是完全缺乏社會的理想.例如柏拉圖的教育學說也想造出一種階級制度的社會，個人完全附隸於各社會階級.又如十八世紀之教育學說以人類全體之社會爲最高之理想，所以承認各人的發達可以有無限的完滿.不過歷來對於社會的觀念不是誤謬,即是流於空泛,不是機械的,即是主觀的.所以教育學者常注重個人卻忽略個人所生存的社會和個人間的共同生活.況且現在社會變遷,歷來的教育學說與現在情形不符,不能在現在應用,所以不能不造出一種新的社會的教育學說.即使不能造出一種新的教育學說,至少也要用一個新的社會的眼光觀察教育.隨着學說或觀察的改變,那教育的理想,學校的組織,教育上的設施,學校的設備也就不得不有所更張.

現在的人都知道近代的社會比前代發展,社會的生活比以前複雜.所謂社會發展,生活複雜,到底是什麼意思呢?就是現代的人互相接觸之點比以先加多,互相倚賴的關係比以先密切.譬如那在偏僻的農村過生活的人,需要簡單,與外邊的交通又少又不方便,他們自己互相倚賴的關係或者是極密切,但是他所接觸的人終是有限的.他們衣食住種種的需要,只靠着家人鄰舍就可以供給.而他們與村外的人接觸極少,與村外的倚賴關係更少.我們試想住在都會裏的人,每日憧憧往來相接觸的多至不可勝數.我們所倚賴的人,除去家人鄰舍以外更有無數的人.只是衣食住三項，我們要直接間接的靠着許多人纔可以得到，更不必說衣食住以外的事物了．現在的社會因爲事物紛繁所以要分工，因爲分工，所以更要互相倚賴，產出社會的團結(Social Solidarity)．社會發展，交通方便，生活複雜，結果就是倚賴深，接觸多．所以現在教育之目的，應該體量社會的情形．不是使個人發達完滿，并且須使個人爲社會發達完滿．個人既然產生在這個社會裏，所以他的教育也應當以社會爲目的，使他向社會發展．這種新觀念並不是說個人的教育不重要，不過個人須於獲有健全的身心之外，更與他所住居的人羣的環境相調和，對於那個環境要有積極的貢獻．換一句話說，教育之目的不只是個人，還有社會．不只是單獨的個人，還有社會的個人，不只是使個人有效能，並須使個人增長社會的效能．個人的發展同時也必須能爲社會服務．

現在教育之要務不只是傳遞知識，更須使被教育者要能够明白合作，互助，服務，利他，民治，這些道理，並且實行．受過教育的人，應該覺悟他與社會的關係，以及改良社會的責任，他的理想應該是社會的，不是個人的．他的知識的倫理的觀念多少總要與社會相調和.假使一個人的諸般見解都是完全與社會上的見解相悖戾,他所求的利益完全與社會的利益相衝突,他的生活完全與社會生活不相調和,他就不能在這個社會裏生存.所以教育不只是造就個人成爲思想家,科學家,文學家,並須使個人成爲家庭,國家,學會,等諸種社會的一分子.個人須是社會的個人,個人的思想,科學,文學須是對於社會的貢獻.換一句話說,現在教育之任務在乎使個人成爲社會化 (Socialized) 的個人.近代學者要推杜威批評個人主義的教育,發揮社會方面的教育,最清楚,最詳盡.現在引用他的著作中兩節,供我們參考.

『有人說教育的目的可以完全用個人主義的名詞表明,例如個人所有的能力的調和的發展就是一個……假使這個界說與社會關係無干,我們也就沒有標準可以解釋這些名詞.什麼是能力,什麼是發展,什麼是調和,我們都不知道.能力所以爲能力者要看他的用處,他的職能.』(倫理的要素)

『我相信學校本來是一種社會制度.教育既然是一種社會的程序 (Social process) 學校不過是羣居生活之一種型相, (Type) 所有可以使兒童分受本種族所傳來的文物的資產(Inherited resource of the race)並且使他爲社會運用的能力最有效的主動力都聚集在學校裏.所以我相信教育是生活的一種程序不是爲將來生活的一種預備』(我的教育的信仰第七頁)第二節所引用有兩層意思;一,學校是社會程序的一種,二,教育是使兒童享受社會傳來的文化,並且兒童是爲社會運用他的能力.教育與社會的關係如何深切,可以想見.

自從社會學成立爲科學逐漸的進步以來,他的知識於我們的用處非常之大.他的最重要的功用就是上文所說過的在改良社會上.向來人類的改革計畫常偏於片面的而不能括取全體.例如宗教家,政治家,經濟學者,哲學家等對於改良社會都各有他自己的意見.但是那個意見常常是只看見各人所專門的一方面,而不能窺見社會全體.社會學的知識使我們得着關於社會全體的概念.社會上種種的制度是不斷的有變化的,也不斷的須人力改革的.例如政府,法廷,法律,貿易,學校,都是社會制度常須人力努力改革的.但是改革的時候,不可只見其片段,而忘其全體,要用社會學的眼光纔可以看出那制度的缺點,知道應該如何改良.

至於教育上的改革更須用社會學的觀察法,因爲教育的目的雖然常偏重在個人,但是教育制度和學科,教授法向來都是與社會有關係的.杜威說過的:『仔細考察各時代的教育制度都是以社會的情形爲重要的樞紐.不只制度的形狀是如此,就是教授的學科和教授的方法也是如此.』這個話.的確是不錯.例如中國的家庭制度最爲發達,所以向來學校的組織也帶着家庭的色彩.父權制度最爲發達,所以授課的先生十分尊嚴與天地君親相並立.所教授的科目,也是映照社會情形.例如中國社會奉孔丘孟軻的言行爲道德的模範,所以幾千年來論語孟子成爲教科書.又如以先政府以科舉取士,成爲一種社會制度,所以書生都去揣摩制藝,做起八股試帖詩來.現在政府舉行文官考試,法官考試,一般學生也就要求學校裏添設所考試的科目.教授法也是從社會情形上脫胎變化.中國社會只有命令者服從者的關係,沒有共同討論的組織,所以教育上也是只有個人的傳授沒有相互的討論.像古代希拉蘇格拉底式的質疑問難法,是我們沒有夢見過的.希臘盛時,民治發展,人民關心政治都時時從事辯論.所以他們在講學的地方也是共同討論,不是像我們一人講授衆人危坐靜聽的.

就上邊所舉的例看起來,社會與教育實在有極密切的關係.現代社會的善惡是另外應當研究的問題.但是社會的情形有絕大影響於學校,學科,和教授法,是我們所應該注意的.但是又一方面教育也有大影響於社會情形.社會的變化向來是緩慢的.社會上的制度風俗,有時雖然失了功用,失了存在之理由,依舊殘存在人羣裏.從事教育的,應該先在教育上把那已經無存在理由的制度風俗革除.採納社會學者所研究的社會進化的道理,用以改良教育.現在的人都知道教育是人類進化的基礎,未來一代一代的人類都是要由現代教育的關頭裏經過.現在也有許多的人知道現在的社會腐敗差不多沒有進善的希望.所以現在的教育家,應該按着社會學者所發見進化之原理通則實施在教育上.他所做的事,一方面是改良教育,一方面也就是改良未來的社會.

教育的社會學

社會學與教育的關係向來是密切的，既如上述。歷來的社會學者對於教育大概都有所貢獻。例如斯賓塞更著了一書專論教育，攻擊古典文學的教育，不遺餘力，一時也轉移人的見解。近年來美國學者更把社會學與教育相關係的一部分畫分出來稱爲教育的社會學。（Educational Sociology）他的範圍就是應用社會學的材料，方法，原理，以解決教育問題。教育的社會學是一個極新穎的名詞，除了美國學者以外還沒有採用他的。本書因爲此名字太長，又恐讀者不明此名之本意，所以不取此名。

美國克崙比亞大學教授司納頓（David Snedden）於一九一七年曾出版兩本小册子，述教育的社會學的綱目。（原書名爲 Educational Sociology; A Digest and Syllabus 克崙比亞大學之教育院出版）他說教育的社會學是從社會學及其他社會科學選擇材料及方法，以解決教育上的重要問題。他所貢獻的：

（一）就其小端而言可以解釋兒童的本能的社會生活，例如兒童的游戲，結黨，迷信，模倣，服從權威等，藉着社會學的知識，得著解釋，可以供我們的參考。規定教育的規程。凡學校內的紀律，管理，合作，都可以順應兒童的本能，並且與社會上學校以外的教育機關相聯合。

（二）就其大端而言，可以定教育之目的，評定教育目的之價值如何。教育目的，當用何種方法，程序，纔可以實現。這些方法程序是否有終極的效能。這些事都可以藉着社會學的知識相爲發明，加以證驗。

論到由教育目的所發生的問題的數目，種類，更是不可枚舉。司納顛教授就普通教育，特殊教育，和職業教育三類，提出許多問題來。都可以表示社會學的知識對於教育上非常切要。現在只舉出幾個問題如下：

（一）普通教育是專指普通兒童在普通學校所受之教育。其中問題如⑴幼稚園所施之教育於社會上發生何影響？⑵假使一個社會裏使四歲至六歲的兒童都可以受相當的學校教育，那個教育應當具何種目的？是爲的補助家庭教育之不足，還是使兒童從速發展，以補家庭教育之所不能？⑶六歲至十二歲的兒童當教給他審美的趣味，如彫刻，油畫，音樂，文藝，應該具什麼目的？⑷初等學校所授歷史的材料，應該本着什麼樣社會的目的從事組織？十歲至十五歲的兒童使他成就國民的資格，應該具有何種的社會理想？習學何種的社會知識？是否應該教授歷史和社會的科學？假使須教授歷史和社會的科學，應該如何教授？(5)學校所設教科可以發展兒童之心理身體者於社會有何等價值？例如心算，雄辯，圖畫，打鎗，寫字，對於修養，形式，顏色的諧和的觀察力，等科目將來在社會上奉職有何價值？(6)近世語的教授有什麼社會的和個人的價值？(7)十歲至十五歲兒童的輔助教育如活動影戲，新聞紙，圖書館，遊戲場，警察，或從事生產的事業，有什麼結果？(8)什麼是道德教育？學校是否能於直接的道德教育有所建設？

(二)特殊階級的教育(1)在身體上或心理上發達不完全的人應該受何種教育？應該預備他們入普通社會，還是使國家維持他們的生活？(2)各種殘疾的人如聾，盲，啞，肢體殘廢，白痴，精神薄弱的人，所受文化的教育，應該有何制限？(3)一般成年的人幼年卽從事專門職業的，應該如何補充他們的普通教育？

(三)職業教育也有種種的問題.(1)以先輔助職業教育的機關最有效的是什

麼?現在的效力如何?(2)限定個人生產能力的要素是些什麼?(如本人之天資,社會之情形,工業之組織,資本交換機關,等等都是限制個人的生產能力的)(3)普通教育與職業教育根本上的目的有何差別?生產者,消費者的特質是什麼?

我們試看司納顯所提出的問題,就可以知道教育的社會學範圍的大,也就可以知道教育上有多少重要的問題須待社會學的知識纔可以有正當的解決。

此外更有司密斯(W. R. Smith)的教育的社會學(一九一七年出版)該書分爲社會學的基礎及教育學的應用二卷。錢色勒(W. E. Chancellor)的教育的社會學(一九一九年出版)內容分社會運動,社會制度,社會測量三卷。

最近有克勞(F. R. Clow)的社會學原理與教育的應用(一九二〇年出版)按着社會學的分類別爲(1)社會的要素(2)社會組織(3)社會進步三卷,陳述原理,討論原理在教育上的應用。

許多教育學者曾討論過社會與教育的關係如杜威博士(例如學校與社會,民治與教育)如金恩(Irving King所著有教育的社會方面等書)如貝茲(Betts,

著有教育的社會原則）如司格脫（Scott 著有社會教育）但是英語出版界標名爲教育的社會學的只有上述四種。本書不能按着司納顚教授所提出的問題逐條討論，也不能完全採用司密斯克勞二氏之分類。今只擬討論各種社會制度與社會進化的要旨及其與教育的關係。

第三章　社會調查 附教育調查

社會學所研究的範圍極廣，可以說是包括亙古以來所有的人類社會。但是他所研究的目的不外發見社會變遷，社會組織的原理。他所用的方法是科學的不是玄妙的。所以第一要採用可徵信的資料。資料有屬於既往的，有屬於現在的。社會學者研究變遷的由來，考證過去的社會組織，供現代社會組織的比較，用既往的資料，研究現在的實況，就不得不特注重現在的資料。關於徵求既往的材料，大半要依書籍，本章姑不具論。欲得現在的資料，就須從社會調查（Social Survey）入手。社會調查的始祖是英國的布斯，費畢生的精力調查倫敦的貧民，成報告十六册，（Charles Bo th: Life and Labour of the People in London 1889—1903）他的調查雖然沒有完成，却是極偉大的成績．披露許多驚人的社會事項．英國更有龍脫利所調查約克城的貧民失業諸報告，(Rowntree: Poverty; Rowntree and Lasker: Unemployment) 貢獻了許多關於貧窮及失業的事實．美國近來調查事業最稱發達，如洛克菲爾(卽煤油大王)基金團的調查，賽治基金團 (Russell Sage Foundation) 的調查，都是極有價值的．

社會調查就是調查關於社會問題的事項．工程師敷設鐵路的時候，一定要先調查地方的形勢；醫生診斷病症的時候，一定要先考察病的根源，病的情狀．社會學者計畫社會改革的方針或方法，一定也要考察社會的歷史，位置，物產，人民，產業，交通，社會生活，社會關係等事項．所以搜集社會事項是研究社會的第一步，也就是研究社會改良的第一步．但是事項駁雜，多不勝收．假使像中國式的學者記札記的辦法，那所搜集事項雖多，毫無秩序系統，也沒有什麼科學的價值．所以搜集社會事實須有系統．有系統的調查就是按着事項的類別分析出來．這是研究社會的第二步．就着已分析的事項要尋出適當的解釋，要明白他的意味．事實具在，而不明白事實的關係影響，那就與沒有事實一樣．例如北京的人力車夫有三萬人占全城人口三十分之一，這個事實於北京地方社會的生計交通有什麼關係，有什麼影響，要尋出一定的解釋．又如北京有藥房若干所，製造或售賣戒煙丸，消毒丹等藥劑者共若干家，製造售賣之量共若干．這幾種事實與北京其他社會事實如社會衞生相參證，看他們有什麼關係，有什麼影響，得着合理的解釋．解釋要尋出與多種社會事實的影響關係，不能牽强附會，不能阿附取容或擁護階級或黨派的利益．這是第三步．

醫生診斷病症要考察病源，病狀，加以解釋，按着所診斷的病症下藥．調查社會的將社會事項，調查，分析，解釋以後，也就要按着所調查的結果有所建議．所調查的事項大概是社會上的敗風惡俗，亟應改革的．所以調查事項之後應提出改革之意見．社會調查既然將本社會的腐敗狀況調查出來，應該採用其他社會對於同種的腐敗狀況的改革做參考，並且按着本社會的情形籌畫實際解決的方法．所以我們理想的調查者，不特要有科學的眼光觀察社會事項，並且要博通各種社會問題以資比較，然後尋出適合現狀的實際解決方法，提出建設的改革方法是社會調查的

第四步.

調查的結果，辦法既已完全成就，應該從速報告市民，警醒大家．調查社會或者少數的人可以做出．改革社會却要市民的公同努力．普通的人對於社會的弊病，有漫不加察的，有注意而乏正確的觀念或合理的辦法的．社會調查者調查後的第一要務就是將他們所獲得的智識貢獻市民，成爲人民共同的經驗．例如新聞紙，圖表，插畫，演說，陳列場，電影，小册子，皆是宣布報告最好的工具．但是將社會事項用圖表畫出或用文章記出都須有組織有系統有條理．記載社會弊端的文章與寫實小說不同，描述社會現狀的圖表也不是諷刺畫或滑稽畫．普及社會調查的知識要藉着以上所舉各種工具，以淺顯警醒的文字或圖表有條不紊的描寫出來．這是民治社會裏最重要的教育，——開導人民關於他們社會生活的知識．造就他們對於社會生活健全的輿論——這是社會調查的第五步．

社會調查別於其他調查．前者所調查的是關於社會全體，其他調查大概是專考察一樁問題．但是所謂調查社會全體，並不是籠統的混合的陳述．如上所述要將社會上各事項，分析解釋考求他們的關聯。因爲社會各問題都是相關聯的，所以調查的時候就須爲相關聯的研究。解決的時候也要爲相關聯的解決。實行解決也要社會各方面合作。調查者得有價值的資料和實際的改革方法，藉着上邊所說的有效的方法鼓吹宣布，不特足以喚起人民的注意猛省，並且促發社會的合作的活動。社會關係是相牽連的，社會弊端是影響深遠的，所以努力改革也要社會共同的合作。總之社會調查要按着牽連社會全體關係的各方面，研究問題按着社會全體的基礎爲合作的活動。("The study of social problems in their community–wide relative and cooperative action on a community–wide basis") 共同合作的活動是社會調查的第六步。

以上所述是社會調查的原則。所調查的事項更可別爲以下諸類：

一、所調查的社會的性質——如都會，村，鎮，的性質，地方產業的性質，發達遲速的性質等。

二、人口統計——年齡，省別，性別，結婚，兒童等。

三，地理上的形勢——地勢，疆域，水道，氣候，產業等．

四，地方政府——政府爲社會的反映，（有什麽樣的社會，就有什麽樣的政府）也可以爲社會改革的一種主動力，（Agency）他的組織，勢力，範圍，市民參政權的大小等要切實的調查的．

五，租稅——地方的行政費如警政，市政，教育都是從地方租稅的收入撥出．他的來源和用途須詳細調查．

六，產業——產業的種類，勞働者的性質，賠償的性質，勞働的狀況，失業者的保護等．

七，衛生——死亡率，病人的多寡，房屋的狀況，房屋的所有權，家庭與社會的關係，產業界的衛生，學校衛生，衛生行政，遊戲的設備等項。

八，社會救濟事業——宗教的，國家的，地方的，私人的慈善事業，衛生上，教育上，產業上的救濟等．

九，貧窮及犯罪——貧窮的原因及預防，犯罪的原因及預防，少年犯罪等．

十，教育——學校，圖書館及閱覽室，其他教育機關等，

一言以蔽之，社會調查是用科學方法研究並且解決一定區域內及一定關係上的社會問題；將所調查的事項及建議盡量的灌輸於人民為其公有的知識，引起一種有意識的合作的活動的勢力．（參考 Harrison Community Action Through Surveys p. 11）

教育自身是一種社會程序，教育也是社會的一種制度．所以教育與社會的關係有兩層：一層教育自身要成一種社會的組織，他的組織須應用社會學的原則，一層教育要適合於社會並且可以補救社會的偏弊．前者要研究社會學理為組織上的參考．後者要研究現存社會的情形為設施上的考證．本章詳細討論社會調查法，就是顯明從事教育者對於現存社會知識的切要．假使辦教育的人，不知社會情狀，徒然有高尚的理想，也不易收什麼功效．他所辦的教育都是與實際生命不相連屬，所造出的人材不是與世浮沈，就是不合時用．例如地理的形勢和產業與學校的性質是要相適合的．假使在北京設水產學校，在上海設農業學校，教育與環境不相適

合，教授上既然感種種的不便，教育上亦不能使被教育者與實際生活相關係，這都是悖謬的設施．又如中國社會向來有一個士的階級．在以先科舉時代，教育的機會有限，較今日的教育尤爲不普及．爲士的有科舉官吏，幕僚，師爺，書院，教讀各方面謀生的機會，又加以當時物價平穩，生活程度簡陋，所以士的階級的生活尙可支持，不至成爲社會問題．及至庚子以後學校大開，教育的機會頓加擴張，學校所產出的畢業生都可以加入士的階級，士的階級遂大膨脹．一方面以前生活的路途減少，（如書院，幕僚皆已廢止）一方面生活程度增高，所以黠智者變爲高等遊民，交納權貴，奔走遊說，爲政府或私人的食客，拙本守拙者變爲事務員書記的人才，充滿各衙署局所．假使教育當局不速省悟，不能補救社會的偏弊，仍以造就高等遊民或事務員書記爲職志，將來更要惹起社會的紊亂．此類教育不特無有功效，反增加消極的影響．

以上所舉不過二三例，說明社會調查實在是現代決定教育政策，規畫教育組織，籌畫教育設施的基礎．我國對於社會調查的材料異常缺乏，而各地方情形不同，也不能以一地方調查所得的成績,概括其餘.現在惟有希望各地方教育家先着手社會調查按着本章所述調查次序以博大的眼光籌畫教育的政策,組織,設施諸重要問題.

教育與社會生活的各方面互相牽連,無論從教育方面或從社會方面觀察,教育調查都是社會調查中最重要部分.從教育方面觀察,教育是民治社會最偉大的勢力,社會進步主要的手段.社會的傳遞文化,修養氣質,播種知識,全靠着各種教育機關.故考察教育的情形如何,即可以覘其社會將來的情狀.從社會方面觀察,社會的情狀向來是映照在各方面的.社會的美點顯在教育上的,應該設法保存.社會的惡點顯在教育上的,應該從教育上設法補救.所以企圖改革社會者對於社會調查更應特別注意.但是教育調查是一種精密的科學的調查,與我國視學官的報告或批評完全不同.美國全國教育會對於教育調查所定的界說,可供參考:

『教育調查將所有教育的機關 (完全由公家維持的或一部分由公家維持的) 關於組織,管理,監督,經費,設備,學科,教員,教授法,學生,及曾受教育或現受教育者的成績所收的功效，報告公衆。」

但是教育調査不能止於報告，更須有所建議，促進人民力謀進步的合作的能力。

近代教育調査最早發端於美國。一九一〇年 Idaho 州的一個礦業都會 Boisé 教育局做出教育報告，此爲新式教育調査最早的。此後如 Baltimore, 紐約，Portland, Springfield, Salt Lake City, Cleveland 等地方相繼從事於教育調査結果使教育上有大改革，例如 Springfield 學校調査的結果，產出多種改革：如改教育局章程，只設教育，財政，校產三委員會，採用初級中學制度（Junior High School）設初級中學四所，注意學校的光線，通風，衞生，避險；設校舍監督，視各學校的建築；組織家長集會，以學校爲社會中心（Social centre）供討論演說投票之用；擴充手工及家政兩科，修正教職員的薪俸，增設圖書分館，修正學校教科。教育調査的功效由此可觀。

教育調査可分爲三大項：

一學校，

二圖書館及閱覽室，

三其他教育之機關。

甲，學校調查更可分爲七項：(一)地方調查，如地方的社會歷史；人口的數目；識字者數目；階級；產業；制度；社會精神．(二)校舍及設備，如建築，庭園，運動場等；光線，溫度，通風，保火險等；物質的設備如黑板，飲水，便所等；試驗室，圖書室，教室的設備；校役照料校舍等事；運動場的應用．(三)組織及管理，如董理學校委員會的權限；校長權限，學校財政；任用職員法；董理學校委員會與教員，與社會的關係．(四)教員，如教員的資格任用；及在職年限；使教員進步的方法；考察成績法．(五)學校人口統計，如學生統計，上課缺席，告假的統計；學生升級的統計，(六)學科及教授的效能，如學科或單位制度的組織，分析各學科以顯出對於學科所費的時間及經費；用客觀的試驗法，視察或與教員開討論會研究教授的效率；學校內的社會生活，如紀律；教員與學生的關係；文學，美術，音樂，演劇，運動等會．(七)學校與社會的關係，如使教科適應於社會的需要；教員與家長的集會；學校與家庭的聯絡合作；學校與社會上有教育性質的機關聯絡謀共同合作；擴張學校，設夜學校，職業學校，補習學校等；職業指導，職業介紹以輔助學生畢業後的生活.

乙,圖書館(一)地方上圖書館的數目,藏書的數目,讀書者的數目,開館時間等.(二)圖書館的配布,是否全地方皆得利用.(三)圖書館所藏書籍與地方產業的關係.(四)各種陳列會及公共講演與圖書館的關係.(五)推廣圖書館的用途.

丙,其他教育之機關(一)歷史,自然科學,工業,美術的博物館.(二)通俗講演.(三)宗教的教育事業.(四)私人的教育機關.

教育調查的價值從上邊所舉美國Springfield的先例可以見出.教育調查一時雖不能惹起全社會的注意,或使全社會謀全體的改革,只就其最小範圍,也於教員及管理者有莫大的價值.教員從所調查的資料,可尋得教授上的標準,考察他的教授的成績,定教育的計畫.管理者經營學校常易囿於見聞,故步自封.他從教育調查得與他校比較對於學校之管理設備,得高遠的眼光,謀永久的發展.但教育調查須於定年舉行,纔見大效.每有一番調查,卽可徵驗已往的進步,考察以前改革的功效．更謀未來的進步．

教育調查不是一件容易的事．第一，先要有專門家並多數有訓練的助手．從事調查的人不特須有知識及眼光，並且還須有公正的見解．第二要有時間．第三要有經費．這三個要素是不容易都有的．一個都會的教育調查已經不容易舉辦，更不必說全國的教育調查了．所以有人說這個教育調查是太麻煩，太費錢，所得的結果仍然是很少見的．我們退一步講，要是求教育的進步．雖然不能舉行普遍的教育調查，至少也要有局部的或分類的調查．例如現在只研究科學教授一項，專就幾個重要的學校，將凡關於科學教授的事實，如所授的科目，儀器，器械的設備，教材，教科書，教授法，等逐次調查．就中科學教授最好的，就可提出供大家的模倣或參考．那科學教授不好的，自身也就可以猛省改革．總之，要知教育的現狀（詳細說起來，教育還可以分為無數方面）一定要有調查的，要求教育的進步更要有調查的．不過調查的事項有繁簡，調查的範圍有大小的分別罷了．

第四章　個人與社會

個人與社會那一個是重要?向來人對於這個問題見解常不一致,所以思想上常引起許多的爭論,實行上常發生不相容的政策.這個見解不一致的情形,常表現在政治上.一派專重在個人所有政治上的設施,如立法,行政,專以個人爲前提,要尊重他的自由,保存他的權利,寧可犧牲社會,不能侵害個人.一派專重在社會.立法,行政都是維持團體的生存,雖然有時候個人受了損害,但是爲多數人起見,那個損害是不能管的.這個情形又常表現在教育上.一派的教育家專注重人材教育,以爲教育最重要的職務,就是造就特別的人材.有了特別的人材,社會就自然可以進步.例如政治家,發明家,美術家,文學家,都是社會的中堅人物,國家的教育所應該注意培植的.另一派的教育家主張民衆教育,以爲一般的人類都應該受相當的教育,不能專注意在特別人材上.這種爭論,根本上看起來就是個人與社會的關係問題.個人與社會那一個是根本的.

注重個人一派所持的理論,我們可以簡稱爲個人主義.個人主義的派別甚雜,各人有各人的意見.極端的一派如斯梯爾納(Max Stirner)以爲祇有個人是真的,最重要的，其他都是假的，沒有關係的．個人是特殊的，(Unique)，他是所有權力的主人，他毫不受其他事務的拘束．所謂個人主義的無政府派，大抵皆如此主張．他們並不是對於個人以外的事實完全否認，不過他們對於社會的羈絆，專制的壓力等種種妨害個人自由發展的，深惡痛絕．他們竭力推崇個人，發揮個性，所以竟致無視義務，利他等社會道德．例如，斯梯爾納更推論所有愛人奉公的行爲也都是自私的行爲．這是極端的一派，實際上沒有重要影響，現在只有理論上的興味，我們無庸詳細討論．

普通的個人主義也是推崇個人，但是沒有這樣的趨於極端．他們的理想不過是自由發展的個人，不是絕對的自由的個人．他們以爲無論社會是如何組織，總是由個人組成．社會的性質如何，要由個人的性質決定．所以社會最根本的要素是個人的性質．心理作用如情緒，思想，觀念，意志都是屬於個人的．心理作用的發展就是個人的發展．社會上各種事業的發達，如工業，商業，政治，軍事，沒有不是個人的功績的．思想界智識界的進步，也沒有不是個人所成就的．最深厚的情緒纔可以產出高尙的文學，最深邃的思想纔可以造出高深的學術，最雄邁的精神纔可成就偉大的事業，這都要靠着個人的。社會中常有人不滿於該社會的風俗，習慣，制度，而不肯安然受他的羈絆。所有社會的進步大概都是這一類的人發端。有創造力的個人，敢出奇立異的個人，敢『特立獨行』的個人，知其不可爲而爲之的個人，都是社會進步的先驅者（例如易卜生國民之敵中之司鐸曼醫士）。歷史上所有關於進步的事蹟都可證明這個道理。個人主義的目的是發展個人。因爲社會上的拘束常妨礙個人的發展，所以個人主義者主張將社會的拘束減至最低限度，以便個人的發展。

緩和派的個人主義者大概都承認社會的事實。但是他並不注重社會。按他的理論，假使個人都能發展的各得其所，人類就自然會成一個好社會。人類的苦痛，社會的不良，都是因爲個人處處受干涉，受制裁的緣故。現在社會上的風俗，習慣，法律，日益加多，人的發展日益困難。社會上的弊病也就日益加增。所以理想的社會就是有許多完全得自由發展的個人。求理想的社會實現的方法，也不是社會立法，也不是社會改良的政策，但是解放個人的各種束縛。從此看來，個人主義與放任主義是相連的．考歐洲（特別是英國）十九世紀前半的政治思想，經濟思想，教育觀念，社會觀念，都含着這兩種的性質．以個人主義爲標榜的都含着放任主義．主張放任主義的也都以個人主義爲根據．

注重社會的理論與此正相反，我們可以簡稱爲社會主義，社會主義按廣義解釋起來就不是現在各黨派的社會主義，就是承認社會自身是生長的有機體，不只是個人的機械的集合．例如阿里斯多德就可以稱爲社會主義者，因爲他相信團體不只是單位相加，所以個人的欲望都能滿足不能就認爲社會的幸福．他說：『國家天然是在個人及家庭之先，因爲全體當然在部分之先』（政治學第一卷第二章）．從此看來，自阿里斯多德以降，歷史上有許多學者對於政治，經濟，教育的觀念都可以稱爲社會主義者．他們主張個人是羣居的動物，不能獨立自存．人與人不斷的相互往還，一切生活都要彼此依賴．這是不可掩之事實．所以社會主義者根據這個事實，主張政治上，經濟上，教育上各種制度，都不應該以個人爲前提，應該以社會爲前提．個人的發展從個人的立足點看來固然是最爲得計，但是因爲他的發展有時竟妨害旁人.這個從社會的立足點看來,是最要不得的.所以社會應該做本位;社會的幸福,社會的利益應該做我們的理想.

人類行爲既然應該以社會爲前提,社會上所設的各種制度,也就專顧慮人民的全體或大多數,不能計及個人的利害.個人對於這些社會的制度,要絕對的遵守服從,不得反抗,致妨害社會公共的利益.假使個人因爲自身的發展不能適應社會,爲社會全體的秩序起見,那個人應該被淘汰的.從此看來,社會主義是主張干涉的,在社會主義之下,所有的制度都是趨於平等的,普遍的,一致的,不設例外的.試觀歐洲十九世紀的末葉,繼個人主義,放任主義之後發現社會主義的大反動,立法行政的範圍一時大加擴張,侵入人類生活的各方面.那干涉的普遍的性質可以看出了.

以上述個人主義社會主義兩方面的理論各有是非.按前一說,當然個人是根本的,按後一說,社會是根本的,個人無足重輕.我們承認兩方面都有充分的理由,但是不能承認任一方面爲絕對的,是他一方面爲絕對的非.現在我們分三層來討論個人與社會的關係.(一)每個個人的發展都脫不了兩種勢力.一種勢力是遺傳.一種勢力是環境.兩種勢力是缺一不可的.現在先說遺傳.在生理的方面,一個人的身體都是受諸父母,他的身體上各種構造(Structure)如肌肉,器官,神經等,都是父母傳給一種原始狀態,以後纔漸漸發展長大的.按着最近生物學者的研究,人類有幾種特質是的確由父母遺傳給子女的.但是就現在所知道的那些特質,大概都是些病的特質,特質的遺傳是生物學上最中心的問題,於人羣進化上有密切的關係.我們現在且不必討論.這裏所謂遺傳是廣義的遺傳.就是我們的身體都是由父母先天的爲我們限定.我們後來的生長都是以先天所限定的原質爲基礎纔得發展的.所以從遺傳方面看起來個人是根本的,因爲個人必須先有身體,具有完全的身體組織然後可以發展活動.種種活動都是由那些有完全的身體組織的個人做出來的.所以沒有個人就沒有社會.個人比社會爲根本的.

但是遺傳自身不是獨立的.一個人只受了父母所遺的形體不能成爲個人.個人必須對於所處的環境爲相當的順應,纔可以發展成爲個人.我們的器官要對於環境常常行使.對於環境常用鼻的器官可以發達嗅覺,常用耳的器官,可以發達聽覺;常用聽覺嗅覺的神經，可以發達神經系統．假使我們脫離了環境，各種器官就無從發達了．假使沒有聲音可聽，我們雖有耳的器官也不能發達聽覺．假使沒有氣味，我們雖有鼻的氣官也不能發達嗅覺．假使沒有種種事情來刺激我們身心，我們雖然有神經系統和天賦的本能也不能發達精神作用．所以個人的發展自有生以後，要時時刻刻靠着環境的．這裏所謂環境，不只是物質的環境．物質的環境如山川原野等地理的形勢，寒暑風雨等氣象上的變化，固然是於我們最有影響的．但是那物質的自然的環境以外，還有人羣社會的環境，於個人的發展，更爲重要，絕對不可缺的．

人類是永遠互相接觸的，他的智能要常常靠着相接觸的關係纔可以大加發展．人類的精神活動如本能，如思考作用，都要靠着人類的接觸纔發展的．有了母子的關係，所以就發展慈愛的本能；(Parental Instinct) 有了教者和被教者的關係，所以就發展求知的精神活動；有了生產者和消費者相依賴的關係，就可以發展經濟方面的活動，增進謀生之知識．總之，個人的生活，因爲有相互的接觸纔可以成立，纔可以進步．單獨的個人沒有生活，也實在是不能生活的．

個人相互的關係，相接觸的機會，自太古以來一天比一天增多，所以人類慢慢的做出許多種制度來維持他們的接觸，軌範他們的關係，使他們的生活不至於淩亂的漫無秩序．如憲法，國會，法律，法廷，商業習慣等等都是些人造的制度．他們存在的理由都是爲維持人類共同的生活．這些制度稱做社會制度．社會制度越多，人羣社會的環境也就更爲複雜．

詳細說起來，人羣社會的環境不只是若干人爲的社會制度，並且還有許多物質的和精神的成績，也都是直接的間接的維持或增進我們人類共同的生活．例如現在的大建築，河道，海港，街市，大部分是前代社會所留的成績，供我們現代及將來的享用．又如自然科學就是這幾千年來人類對於自然界研究的結果，成了偉大的成績．又如我們應用各種自然科學操縱自然界的現象，或是用水力動轉機械，或是用汽力運行車船，都是因爲先有了科學的知識，然後用那些知識做爲一種方法，增進我們的生活．（這種知識在古代是不清楚的，無關聯的，無系統的，等到把智識弄到清晰的程度，做成有關聯的系統，那就是科學．）這些知識思想都是歷代無數的人研究，試驗，思想，應用的成績，所以假使把人類物質的和精神的成績都算在人羣社會的環境裏，那環境更是萬分複雜了．

從上面看來，遺傳不能孤立，是無疑的．遺傳的發展必要有一定的環境．環境不是別的，就是社會的週圍．個人不是專靠着遺傳的勢力，也要時時靠着順應他所處的環境，纔可以生活的．現在人類生活異常複雜，所以不能只倚賴遺傳的勢力，要倚賴環境的勢力維持增進他們的生活．所以環境的關係比遺傳的勢力更爲重要．試想我們所有的能力，如身體的各種機能，固然是因爲從父母得來的原始狀態，各種機能纔有作用．但是我們日常所用的器具，所住的房屋，都是古人或同時代的旁人爲我們造成的．論到我們的精神作用更須倚賴環境的勢力纔可以發展．人類的知識思想都是襲承幾千萬年以來人類所著的成績．這些已往的成績我們也可以稱做社會的遺傳(Social Heredity)．我們成爲高貴的人類都因爲自己可以享受，並且可以使後人也享受這些社會的遺傳，所以生在現在時代，社會遺傳比生理上的遺傳更爲重要．從此也就可以見得環境的勢力比遺傳的勢力更偉大．造就好社會比造就好個人更爲根本的.世上無論如何偉大的人物,沒有完全靠着先天的氣質不受社會的印象的.但是無論社會是如何偉大,還須先有個人.所以個人與社會的關係不能分離,於此可見.

(二)以上是從遺傳與環境兩方面研究個人與社會的關係.現在我們還可以從心理方面觀察.個人心理好似獨立的.各人的心靈如感覺,本能,情緒,思想,意見等各不相同.各人的心理狀態只有各人自己可以意識.行爲論者雖然只承認行爲是心靈的表示,只有藉着行爲纔可以研究心靈,但是人類除了行爲之外,還有一大部分的心理作用,只有自己可以覺察,外人無由推知.所以各人心理的內部,各人心理與祕的府庫,永遠爲各人自己的祕密絕對沒有人可以窺探.但是如果我們考察個人心理是如何構成,就知道個人心理決不是獨立的,一定要受社會的影響的.例如感覺,本能,情緒,雖然是個人固有的(所謂固有的是與生俱有的意思,究其實還是父母遺傳來的.)但是感覺如何表示,本能如何行動,情緒如何表現,都不能與社會的成訓,習慣,或制度相違背.在窮兵黷武的社會裏,畏懼的情緒自然要受壓抑.在刑罰嚴酷的社會裏，憐憫的情操自然不容易發達。生在喜食辛辣的人民裏，對於辛辣的刺激，當然感覺的反應力狠薄弱。生在生活複雜的社會裏，感覺的反應力當然是極靈敏。由此類推，個人固有的性質如何發展，常常受社會的指導。個人的稟質雖然各有不同，但是他的心理作用一定要受社會淘汰的程序。至於個人的思想意見更常受社會的改變。試思我們的思想有多少可以說真正是我們自己的。我們的意見，至少有百分之九十九是從我們的家庭，朋友，學校，報紙，雜誌，各方面得來的。如果我們的意見不是從上述各方面得來，一定也要得各方面的贊成，至少也要得各方面的默許。如果我們有方法可以分析個人心理，將屬於社會的一部分與真正可稱爲個人的一部分完全分開，那真正可稱爲個人的恐怕占極小部分，最末只剩下先天的遺傳所得的心理成態（Mental Equipment）也未可知。個人心理，充其量不過將他直接間接所得的經驗，重新組織，如杜威所說，不過是『改組的主動者』（"An agent of reorganization"杜威在民治與教育的第二十二章『個人與世界』從思想史方面討論此旨最詳。）所以有人主張科學中並沒有個人心理學，所有的心理的研究都應該是社會的．這個主張的是非姑不具論．但是我們知道個人心理是不能獨立的．個人的心理狀態常帶着社會的色彩或印象．從此看來，個人與社會的關係很密切，不能說那一種是根本的．

（三）現在再進一步，從個人發展方面討論個人與社會的關係．個人的發展要時時靠着社會的．魯賓遜在荒島上過生活的時候，雖然可以說是不靠着社會，除了一隻狗以外，完全是獨立的生活．但是要知道他所吃的食物，所用的器具那一樣不是從他以先所賴以生活的社會中得來的．像魯賓遜那樣簡單的生活尙且不能完全自足．在更進步的生活中當然更要依賴社會了．所以就在原民的社會裏，個人衣，食，住，最簡單的需要已經不能自己滿足自己，一定要靠着旁人的幫助．等到人類生活上的需要加增，不特衣食住等簡單的需要，還有用具加多，個人更不能自足．人類生活不只限於物質的生活，衣，食，住，享用等不過是人的生活的物質的基礎．人之所以為人，是因為他的精神的生活發達，就是他的心理發達．他的精神生活更是靠着社會．我們的知識，思想，理想，那一樣不是從社會得來．假使不是全體都從社會得來，也一定受社會的啓發感動．我們求知識的欲望只有在社會中得滿足；我們的思想只有在社會中得保存；我們的理想只有在社會中得實現．所以個人無論如何偉大，無論如何超軼羣儕，他除了在社會中求實現以外，更沒有方法可以發展．所以個人的發展一定要在社會之內．從社會方面觀察，社會的發展也是要靠着個人的發展．因爲個人不得發展，社會上就缺少了一個發展的人，就是社會的不幸．因爲個人不得發展，社會上缺少若干的貢獻，就是社會的損失．社會除了個人的總數或大多數得發展以外無所謂發展．反過來說，個人除了在社會中得發展而外，也無所謂發展．

現在用幾個實例說明以上的理論．以先拿破侖戰勝全歐，法國人民死傷的總有二百萬人不能說是法蘭西的光榮．現在中國有幾個官僚或軍人開礦，設銀行，但是金錢都入自己的金庫，這種『興辦實業』也不能說是「富國裕民．」社會上不是人人（至少大多數人）都得發展的機會，不得謂爲社會的進步．近來有一派人受了佛家或俄國虛無派的遁世主義的感化，打算脫離社會求高尙的生活，也是一樣的錯誤．高尙的生活只可以在社會中實現．出世以求高尙的生活可以稱爲精神的自殺，與身體的自殺相似．脫離塵世可以說沒有生命．因爲人的生活是社會的生活，脫離塵世就沒有人的生活．個人不在社會中而在社會外，連生命都沒有，更無所謂發展進步．

個人與社會的關係，從遺傳，與人的心靈，與人的發展三方面觀察，既然是不能分離，那向來社會的進步也就不能只歸功於個人的努力或社會的努力．人羣團體的活動不能沒有領袖的，但是只有領袖沒有團體共同的協助，所貢獻的也是狠有限的．天才，大發明家，大文學家，都是爲社會的領袖．但是同時必須有相當的民衆去輔助他們，纔可以發揮天才，促進發明，傳播文學．簡言之，就是領袖只有在社會裏纔能實現他的理想，領袖自身不過是社會的指導者．指導者並不是我們理想中的開明專制者，駕馭一切的英雄，他應該是做與他同時的儕輩共同活動的領袖．要富有同情，容納朋輩，纔可以與那有組織的團體相共提攜，達到他的高尙的目的．

從此看來，人羣的進步不是個人單獨的成績，也不是純然團體的成績．個人和社會的功績是不能分開的．沒有領袖社會不能進步．但是沒有社會個人自身也不能存在，也不能推行他的理想．天才，發明家不過是創造一種新標準，或是一個新目的．這個標準或目的須社會使他實現，使他有生氣，使他增價值，使他見功效．就是那最高尚的美術創造品，也須供多人的玩賞（至少也要少數的有美術觀念的玩賞）不是美術家做出來私藏的．向來人類的成績可以說是個人開端，社會接續的．所以社會的進步，都是先有許多先驅者的個人有所貢獻，然後公諸社會．經社會的應用修正，纔成爲社會一般的進步．總之個人的事業是要社會化的．

以上所說的意思應該施用在教育上．向來的教育都以個人爲基礎，以個人爲中心點．教育的目的，是發展個人，對於社會和社會的需要是不注意的．個人不能自存，已經解釋過了．所以教育不能以個人爲目的．應該訓練他使他的行爲於公家有益．受過教育的人，應該是一個明白的投票的，一個熱心公益的市民，一個生產的勞働者，一個享受文化的平民．

教育的目的，必須兼顧個人與社會，因爲二者並不是獨立的．個人主義的教育，使領袖孤立．超出羣儕之上．社會的教育，訓練他使他指導羣儕，協力合作．以先的人民受專制的壓迫，現在的國民要求開明的指導．社會的教育，訓練個人應該如何指導，同時也知道應該如何服從．會服從的人不是盲目的，無意識的，奴隸般的服從，他明白他的領袖，知道與領袖共同活動的目的．會指導的人也不是自肆的，逞意氣的，駕馭一切．他可以使一般民衆理會他的意思，與他通力合作．所以最能做領袖的人也是最能服從的（有意識的服從）最能服從的人也一定最能做領袖的．這樣看起來，人人都是領袖，也就是被領袖的．教育的目的不能偏重於一端的．

第五章 社會成立的要素

（一）人口

社會的成立有一定的要素．第一要素就是人口的集合．

人口因種種的關係，自然要有集合．集合的原因有由於血統的關係的，有由於婚姻的關係的，有由於宗教的關係的．有由於經濟的關係的，有由於職業的關係的，有由於政治的關係的．所以現在人類有許多性質不同的集合．原民時代迄於晚近，人類聚集以血統爲最主要．所謂宗法社會就是以血統宗脈爲本的社會．但是宗法社會也不能完全專靠着血統的關係.例如行外婚制的種族,就要與不同血統的種族通婚姻.武力膨脹,肆行侵略的種族,就要兼併不同血統的種族爲一個社會.近代交通方便,社會的關係加增,人口的集合有許多種類.同血統的分崩離析,不同血統的遷徙移轉,都異常發達.所以血統的關係漸輕,宗法的組織不若以先的重要.現在的社會成分極其複雜,沒有純粹血統的集合.例如中國近來因交通方便,通都大邑,各地方的人民都薈萃,以先所注重的籍貫已漸失去重要.又如美國曾爲各國移民之總匯,有『種族融爐』(The Melting Pot)之稱,人民的種族的,或血統的痕跡已經漸漸的泯沒了.

現在人口的集合,以經濟的及政治的關係爲最重要.人類維持生活,不能自給,一定要有無相通,互相輔助的.初民集合,除了防禦外侮,卽常有以獵取食物爲目的的事情.等到人類的需要加增,實行分工,經濟上互相依賴的關係,更加密切,社會上發達了許多經濟制度,如生產,交換,分配,金融,都有一定的組織,一定的程序,軌範人類經濟的生活.這種經濟的關係是現在人口集合的一種根原勢力.例如以先南北美戰爭，近來列强的紛爭，美國對中國之表示好意，國際關係的日益密切，勞働團體的團結，就這些事實都可發見積極的或消極的經濟的關係。與經濟的關係同樣重要的就是政治的關係。現在人類最强有力，最鞏固的組織就是國家。人類都生息於國家之中，以國家的强弱表示那人類的政治團體的强弱。所以現在政治的關係也是人口集合的一種根本勢力。

人口有自然增加的趨勢。人口論者計算，假使人口得自然增殖，沒有妨害的勢力，可於二十五年內增加一倍。但是事實上，人的增殖向來沒有這樣迅速，因爲飢饉，疾病，戰爭等天災人禍，都時時箝制人口的自然增殖。人口在新的疆土，一時雖然稀少，但是如果沒有特別不善的狀況，比在舊國家內發展的快。因爲在新的疆土，財源極富，可以供人的採用。一方面有外來的移民，他方面有固有的人民的自然增殖。兩者相並，人口的發展總是比在舊疆土內快。向來的殖民地，假使氣候適宜，沒有極端的寒暑，土地又能供給足量的出產，必可自然發展。試考歐美各殖民地，都是幾百年間成立的，現在的勢力居然有與他們的母國或其他老國家並駕齊驅之概。

人口的集合常因產業性質的不同情形不同.礦業,工業,商業,都有使人口羣聚於一處的傾向.礦產區域向來是有定的,不能過大,所以從事採礦的人類羣集於礦源附近,以礦爲中心.近代工業需用工人極多,且各種工業常相關係,容易集在一所,所以從事工業的勞働者,常集聚成爲都會.商業繁盛之區,必交通利便,商旅輻輳,也能造成都會.近代都會常有工業商業都發達,兼備兩種性質的,他的量積更爲偉大,人口也更爲繁密.獨有農業因爲不能離開土地,時時要在土地上勞働,所以不能專集在一處,散布於各地.因此在農業的區域內,人口的密度大略均勻,沒有過密過疏的情形.但是農業有疏耕(Extensive Cultivation)與密耕(Intensive Cultivation)的分別.從事密耕的人口當然較從事疏耕的人口密度加高.至於畜牧須用廣漠的平原,占地較農業爲多,人口的密度更低.

人口的密度與文化發展做正比例.人口密度到了一定程度纔有文化發生.人口的疏密最先要靠着食品的多少.食品加增,人口的密度也就加增.人口加增,人類的活動,人類的接觸也就加增.結果,就是文化進步.考歷來文化的種族發源之地,都是在溫度或熱帶大河的流域，或交通便利的地方．這些地方，土壤肥沃，氣候溫和，產出最豐富的食品可以供給繁殖的人口，也就可以使人民於求生之外，有閑暇從事生活以上的事業．人口繁殖所以發展政治的生活，成團結的並且有組織的社會．教育，宗教，科學，藝術，都是在團結而且有組織的社會裏纔發達的．

人口調查要分別各人的年齡，性別，國籍，籍貫，職業．一個社會的實力如何，可以由人口的年齡測出．如老年或幼年占多數，則勞働力薄弱．反之，如中年或少年占多數，則勞働力強．人口的變化常影響社會的變化．今只就年齡而論，人口相繼，如子之繼父大概可以三十年爲一代．每代的更迭，有不同的人口，處不同的境遇，當然顯出社會的變化．人口年齡的分配以生殖率及死亡率定之．但人口生殖率大概每年沒有什麼大差別．除非社會上起大擾亂，如戰爭，疫疾，絕無暴漲暴落之理．所以生殖率影響年齡的分配少．死亡率，據各國的統計推算，以嬰兒期爲最高，兒童期，幼年期，死亡率較低．及至二十五歲以後，死亡率又突然見高．此後就屢長不已．所以一個社會如果沒有移來的人口，他的年齡的分配，大概總是年齡低的多過於年齡高的．在農業新發達的區域，人口中兒童的數目特別多．因爲新開墾的荒地，所招來的住民大概是年富力強的．假使社會中都是年富力強的帶着妻子移來，他們的生殖率當然比各種年齡都有的生殖率高．所以移民（各國間或各省間）常改變一個地方年齡的分配．

按自然的規律看來，各社會性別的分配大概相等，沒有多男或多女的情形．但是有時社會有女子或男子過多的．這不是自然的狀況，乃人爲的或社會的狀況．例如有溺女嬰風俗的地方，或男子移民輸入過多的地方，當然是男子數多，女子數比較着大減．反過來說，如男子移民輸出過多，或女子移民輸入過多，必發生女子過剩的現象．男子女子的比例相差過甚，都對於社會組織發生重大的影響．總之，移民無論輸入或輸出都十分影響社會上的人口狀態，於年齡及性別的分配有改變．現在因爲產業的發達或退步，或社會秩序的不穩，又加以交通方法的方便，移民是常現的狀況．現在國際間對於移民雖有暫時的規定，但是一國內之各省間各地方間移民猶時時進行．不過移民的數目不多，尚不至發生影響罷了．

現在我們總括以上所述，關於人口要素的討論，研究人口與教育的關係．人口的狀況支配社會的生活．假使人口爲同質的，(Homogeneous)特如宗法社會，他的思想習慣都是統一的，率仍舊貫．因爲社會有一致的態度，所以對於新的思想習慣狠難容納．此類社會的制度，理想，不容易更張改革．假使人口爲異質的(Hetergeneous)社會上的思想習慣甚爲紛雜，常不能演出一種一致的標準．所以在人口同質的社會裏，教育事業常演出一種定型，而不易改弦更張．在人口異質的社會裏因思想習慣之不齊，缺乏一致的態度，教育事業不容易成立．但是一旦成立，頗有發展的機會，有試驗新理想新制度的機會．

人口的疏密也有影響於教育．戶口零落之區，學校年齡的兒童稀少，學校當然不能成立．即使有學校成立，設備也不能充分．例如美國的農民生活與我國或歐洲的農民不同的就是有許多是單獨的戶，沒有集合成村落的．常有一家孤立，須於四五英里外始有人家．所以他們狠難設立滿意的學校．有只設單一教室的學校的，有聯合多少村戶成聯合學校的．(參看本書第十章)

上文說人口的密度與社會文化做正比例.教育是文化的制度,所以教育也與人口密度做正比例.人口密度高的時候,在學校的兒童多,學校的設備如科目,教員,儀器都可以比較的充足.現在大都會教育的機關最多,教育的方便比各處都發達.可以說是人口繁盛的結果.各國的大學校大都設在通都大邑或通都大邑附近的地方.中國以先的太學國子監書院,也都設在京師或各省的都會地方,一部分雖然是由於政治上的原因,一部分也與人口有關係.考中國歷代教育的發達,除去政治的,經濟的或戰爭的擾亂有特別原因以外,也都是在人口繁盛的區域.

但是反過來,教育也可以影響人口的密度.如在人口稀少的地方,設立大學,也可以漸漸吸收多數的學生,將地方發達成爲學校市.但是學校市大概也都是與都會相近,絕不能在荒僻或人跡罕到之區.佛教與基督舊敎的寺院,也有在偏僻地方設立學校的,那又是因爲宗教的影響,專爲教育一班特殊的人材,有特別的設備,就不靠着人口的密度了.

學校人口的年齡與一般人口年齡的分配不同,有一定的制限.中國最初興辦

「新式學校」的時候，年齡的差別很大，沒有制限．有二十歲以上的人還在小學校讀書的．也有十四五歲卽考入大學的．按現在的制度雖然法律上沒有年齡的制限，但是各種學校生徒的年齡，大概總相差有限，不能有新式學校設立初年的大出入．例如國民學校的生徒大概總是六七歲乃至十二歲．大學校的生徒大概總是十七八歲以上乃至三十歲．卽或有年齡相差太遠也是偶然一二人，不是大多數都如是．所以在學校年齡是一定的．比一般人口年齡的分配簡單．

普通人口以三十年爲一代．學校人口的一代比這個短．按中國現行的教育制度，國民學校高等小學共合七年爲一代．中學與專門學校四年卽爲一代．大學六年卽爲一代．從學生方面看來，假使一個人受完全的高等教育，須十七年乃至二十年爲一代．但是在中國現在的情形能受教育的都是占少數，能受高等教育的更是占少數．一部分的人最好只能受初等教育或中等教育．他們的一代更短，不過七年乃至十二年爲一代．按這個算法，每百年受高等教育的約有五六代，受初等中等教育的約有十一二代．假使小學的教員奉職廿五年，他所教出來的兒童總有三代．各代的情形不斷的有變化，他教第二代的時候，當然不能按教第一代的方法．如教員不明白各代的變異仍死守舊法，那教育就不與社會相適應了．

新建的殖民地的區域，因爲青年的移民驟增，學校人口也有驟增的情形．既如上述．但此驟增之後因爲土地已逐漸開墾，已無再吸收人口之能力．新遷來的人口漸減，學校人口必隨之有遞減之傾向，最終必至變成普通農村的狀態，故教育在新建地的設備頗爲困難．最初須爲多數生徒設備．及經過十年或廿年以後，需要大減，又須爲減政的計畫．我國將來在各特別行政區域內或其他新開荒之區域內擴充教育時，當有此類之困難問題發生．

調查一國學校之人口（生徒）及從事教育之人口（教員）可以推知其國教育之發達與否．此種人口的統計較教育經費的統計更爲重要，更爲可靠．在實行強迫教育的國家內，因爲兒童皆有受教育之義務，學校之人口統計，尙不十分重要．但是從事教育人口的統計，可以指示我們教育事業之狀況．我國向來缺乏詳確的統計，教育的統計，一定要與人口統計參證，纔可以看出意味．因爲中國沒有精確的人口統計，所以由教育統計上考查教育情形尙無十分把握。但是只就所有零碎不完的數目，也可以約略窺知一二事。我國教育部報告民國四年至五年全國學校之人口共四二九四二五一人，教員一九八，九七六人。這兩個數目的自身，無所表示。更當有詳細的分類調查，如年齡的分配，學校的程度等。更當與人口統計中之各種詳細統計相比較，纔可以知道這兩個數目之意思。現在只取教員之數目與人口總數相比較。考我國於民國紀元前一年民政部所調查的人口爲三三一，一八八，〇〇〇人。郵政局於民國九年所推算的人口爲四二七六七九，二一四人，（兩數皆將新疆青海西藏及八旗之戶口除外，後者關於以上諸項無調查之統計。）如依民政部調查之數，教員不過萬分之六。依郵政局所推測之數，則教員之數爲萬分之四强。若以此數與美國與英國從事教育之人口之比例相比較，則大可注意。美國之教員在一八五〇年占全國人口萬分之十三，一八七〇年占全國人口萬分之三十三，及一九〇〇年竟占萬分之五十八。我國在一九一五年教員之數目不過當美國一八五〇年（六十五年以前）教員人數三分之一。當一九一〇年教員人數十分之一。英格蘭及威爾士僅初等學校之教員（高等教育及特別教育機關不在內）在一九一四年有一六五，四七二人．此數占英格蘭及威爾士之人口總數（據一九〇〇年之人口統計）萬分之七十三．我國一九一五年之教員數目與之相較不過占十八分之一由此觀之，我國教育之幼稚可見一斑．

關於從事教育人口性別及年齡之分配，所表示之點頗多，而我國關於此二者更無統計可言．美國在一九〇〇年女子從事教育者占四分之三，男子僅占四分之一．故有人說美國的初等及中等教育盡在女子之手．又美國教員之年齡，男子以二十五歲至三十四歲爲最多，女子以十六歲至二十四歲爲最多．概括論之，美國教員年歲在三十歲以下者，男子有二分之一，女子有三分之二．在二十五歲以下者男子有三分之一，女子有二分之一．據說教員的年齡比醫生，律師，銀行員的年齡低．此種比較可以顯出教員所受的教育比其他職業所受的教育年限短．

（二）地理的環境

一個社會都有居住的地方，多少一定要受那個地方的形勢的影響．所以社會的性質一定也要顯出地理境環的性質．例如漁民族都是沿江海居住．能航海的都是在島國或半島國居住．社會不特帶地理環境的性質，還須順應．例如一個家庭從舊住所遷到新住所，當然要對於那新的住所適應．一個學校從舊校舍遷到新校舍，換了新的環境，當然要對於那新的校舍適應．一個社會從舊居住的地方遷到新居住的地方，換了新地理環境，也當然要有新的適應．所以無論那一種社會組織，沒有不帶地理環境的印象的．沒有不受地理環境的限制的．

但是地理環境的影響也有一定的制限，他的影響並不是包羅萬有的．極端的物質主義者承認自然的物質的環境是支配社會唯一的要素，他說所有的文化完全受物質環境的限制，或竟說文化完全是物質環境的產物，這種理論對於社會真象有所誤解．社會的成立固然要靠着地理環境，但是人口，人民的心理狀況，人民的歷史成訓，也都是社會成立的要素．社會不特帶着地理環境的印象．並且還要帶着人民的印象，人民心理的印象與過去歷史的印象我們可以說英國美國的產業發達，是由於他的天然產物，如煤，如鐵，但是我們也可以說是由於他們的人民或他們人民的心理發展，或他們種族過去的文明．物質主義者更進一步說，人口與人民心理，與種族歷史，也要靠着物質環境．因爲人口密度要受物質環境的限制，人民心理的發展與歷史的變遷，要看物質環境的刺激如何．我們承認這個話有一部分的真理．但是要知道除了物質環境以外，還有其他要素可以制限人口或增加人口．可以促進或妨礙心理的發展．如物產豐饒之區也可以發現生殖率低減的狀況．這個狀況不必由於物質的原因（因爲物質環境本是鼓勵生殖的）非物質的原因，如社會因爲改變觀念，可以人工的限制生殖率．又如不適衞生的地方，人口當然稀少，但是人類可以人工的改變自然狀況，不受自然狀況的限制．巴拿瑪運河一帶現在經了一番整頓，由荒蕪毒瘴不能居住的地方變爲最衞生之區，就是一例．人的氣質性質，誠然受地理的形勢（如山川）的影響．但是人的氣質性情也受社會的影響．如社會複雜，接觸頻繁，就啓發人的心智．社會上有階級制度，就阻礙思想的進步．此類之例不勝枚舉．總而言之，物質環境不能認爲社會唯一的要素．一切文化多少都受物質環境的影響，這個影響有時是非常重要．但是一切文化不能只用物質環境去解釋.一切文化與其謂爲物質環境的產物,寧可謂爲人的或人的心靈的產物.

物質環境中第一個勢力就是氣候.氣候的變化影響人類的性質.如熱帶地方的人民流於怠惰.在高度居住的人民能耐勞苦.氣候變化多的地方的人民心靈敏活.又如在高緯度居住的人民冷靜沈悶,有憂鬱的氣質.近熱帶的人民浮囂好嬉,有樂觀的氣質.氣候的變化影響人的行爲.夏天的時候對於人的犯罪,如鬬毆謀殺較多.冬天的時候對於物的犯罪,如偷竊,搶掠較多.天氣炎熱的時候,人比較的易於發怒而好動.天氣寒冷的時候,人比較的不好動而退縮.

在各種不同的氣候更發現不同的疾病.如鼠疫發現於極寒冷之區,而蔓延於冬季.虎列刺發現於熱帶或半熱帶,而大猖獗於夏季.瘧疾常發現於瘴氣特盛之區.諸種疾病皆因地方的氣候特別發展.人民一定要有能力防備或制伏這些地方的疾病,才可以在這些地方居住.在這種特別環境內生活的人,要假定他們能夠制伏他們的環境,或至少也須不受他們環境的影響,就是避免疾病.(Immunity)

人類的活動因爲氣候的變化也常有變化.農業,遊獵,漁魚各種職業都是要按着季節進行.旅行,遊戲,也都受天氣的影響.人類卽在發明汽機以後,航海還常靠着貿易風及季節風.就中農業要完全倚賴氣候,所以從事農業的人民有忙閑的時期.因而他們社會上的風俗習慣也遵着這個忙閑的季節.又農人常有副業,製造各種用品,這都是他們於耕種餘暇或冬季農閑期內漸漸發達的.

人口的密度受氣候的限制。北冰洋冰天雪海之區,生活異常困難,生殖率低減,並且時時有殺女嬰的風俗.熱帶物產豐饒,生活簡易,人口也因而加增.但是兩種地方的人民都不易進步.因爲在寒帶人類的精力完全費在抵抗嚴寒維持生活上,剩下狠少精力得更從事於生活以上的事業.況且寒冷的地方,交通不便,接觸稀少,人類多營戶內的生活.狠少機會發展社會的精神.反之,人類在熱帶於生活上雖然不用多耗費精力,但是熱度過高,不適於活動,人都變成懶惰的.所以缺乏努力奮鬪的精神.

近來學者研究,凡高尙的文明都產生在特別的氣候帶內.但是氣候並不是產生文明的原因,氣候也不是文明的最重要的原因,他不過是一個條件.凡高尙的文明都必具此條件.例如人飲乾淨的飲水不能產出他的健康,但是飲水不潔,人要維持健康,却狠不容易.適宜的氣候不能使一個萎頓墮落的民族進步,但是如果氣候不適宜,任何等猛進的民族也不能保存他們的精神,有十分的活動.

第二個勢力就是地理的形勢.人類受地形的限制.高山,沙漠,江河,大洋,在歷史上皆所以限制人類之活動.部落或國家的疆域皆依地形爲界限.國家疆域的伸縮,人口的遷徙,常因地形而定.如廣大的平原常適於帝國之膨脹.山脈起伏,巒嶽複雜的區域,常分裂爲無數的小國家.地勢險阻特甚的區域,常使民族隔離,然其他文化不相接觸,有陷於孤立之態.試考歷史上民族之遷徙,國家之盛衰,國際間治亂的關係種種現象,常可以在地理形勢上求得其一部分之解釋.

自從交通的方法進步以後,地理的形勢限制人的活動,遠不如前.江,河,洋,海,沙漠,高山,皆不足爲人的險阻.現在沙漠,高山皆可有法涉越.江,河,洋,海,反變爲世界上交通的大孔道.因此世界的情形大變,國際間的接觸日益密切.國際間的倚賴日益顯明.現在沒有一國可以孤立,沒有一國可以倚山河之勝保存領土,沒有一國的文化可以獨存．所以人類的活動可以說已經超過地理的限制．但是地形的間接的影響，我們還不能免除．各地方的氣候仍然爲地理的形勢所支配，各地方的物產也因地理的形勢而有所不同．這種限制恐人類永遠不能勝過的．

第三個勢力就是物產．物產之中植物要靠着氣候與土壤，動物要靠着氣候與植物，礦產要靠着地質的構成，但是人類能夠開採與否還要靠着氣候．所以物產在自然方面，可以說是氣候與地質的產物．物產限定人類的生活與人類的職業．人的衣食住所需用的原料都倚賴各種物產．人所從事的各種職業，除了採取天然產物或輔助天然產物之生長之外，都是利用或改造天然產物．試觀各地方的物產與產業的關係可知．

但是從人類方面看來，人的生活與職業不是完全受物產的支配，人類在一定的範圍以內，還可以主動的定物產的性質．人的活動，特別是經濟的活動，誠然不能與物產脫離，但是他的活動亦不能完全爲一地方的物產所限制．特以近來有運輸的利便，世界的物產交換甚廣，一地方的產業亦常倚賴他地方的物產．一切製造除了人的要素以外，最主要的就是靠着物產，貿易靠着地勢，若物產與地勢兼備，那個地方一定可發達爲產業的中心．

上述地理環境的三種勢力，亦見大影響於教育．如學年，學期常因氣候或季節分配之．夏季因氣候炎熱，或農事多忙，遂設長期之暑假．外國學校因秋季收穫，冬季酷寒，或春季冰雪融消，道途泥濘，不便兒童往來，也有特別規定休暇的．總之教育部令所規定的學期假期並非天經地義，當按地方上氣候情形斟酌修改．如在南半球與我們的季節正相反，若全採我們的學期，假期制度，這就是無意識．又如在終年氣候溫和的區域，原無長期暑假之必要，若必履行長期暑假，亦是無意識．但是學校一年中亦不可始終完全無間斷．仍然有畫分學期之必要．例如美國大學多有一年設四學期者，於夏期設演講科目亦與平時相同，故學生於三年中不在暑假中休息卽可讀完四年的課程．

人的氣質常因氣象的變化有變化，所以他的行爲亦因寒，熱，陰，晴，等氣象的不同而有變化．人多有在晴天特別高興快活，而在陰天偏於憂鬱愁悶的．這就是氣壓的高低影響人的氣質一個例.他的行爲亦就因之改變.在溫度過高的地方不適於長久的勞働,特別不適於精神的活動.這是西洋人所調查的經驗.(參看 Dexter, Conduct and the Weather, Huntiugton, Civilization and Climate. 兩書)氣候與氣象雖然發生不良的影響,但是人還可以採相當的方法,減輕那個不良的影響.如飲食習慣當與高溫度的生活相適合.教授的時間方法亦當準乎氣候的情形,有時改變,纔可以見教育上的效能.人類在高溫度的地方,能否永久維持活潑的勤勞的生命是一個問題.據西洋人的經驗,他們不能永遠在高溫度的地方營高尙的生活.因爲他們如果久住熱帶地方,不是身體受害,就是變爲萎靡不振,與熱帶下那些衰弱的民族相同.中國人的經驗與此却不相同.我國南部的移民到南洋一帶地方的皆能久居其地,猶能繼續爲奮鬬的生活.不過他們的生活只限於經濟的,社會的方面.他們的教育,他們的文化,都不見發展.他們尙不能治理自己,造出自己的政府.今只就教育立論,他們將來的教育能否如在溫帶各地方的進化,我們現在還不能預測.

一個地方的物產制限地方人民的職業，所以間接的就影響教育．沒有學校的時代，各人不是從親戚長輩，師傅等學習職業，就是入了職業界學習職業．現代要在學校學習職業或職業的科學的基礎．因爲這個緣故，教育制度，不能憑空臆造，一定要按着地方的產業製定．學校制度要與地方的產業相關係．假使一個人在學校裏所學的與他一身所從事的職業毫無關係，他所受的教育就是無意味，他所費的光陰就是虛耗．不特教科的內容是如此，就是受教育的年限也有關係．假使學校裏所授的職業比在工場或實驗所所學的時期要長久，沒有那樣的效能亦沒有特別的特點，那制度就應該修改．但是學校中所設之科目，不能專注目於狹義的職業，是我們要記憶的．

一地方的人對於所生息的地方常發展有地方的感情．這個感情於地方的發展是狠重要的．人民對於地方有好感情纔可以發展他們的地方．做教員的對於他所服務的地方有好感情，纔可以辦好教育．所謂地方感情並不是盲目的崇拜鄉土，乃了解地方，對於地方的前途希望，表熱誠的同情．常見教員在一地方授課，終日表示不滿於其地方及其地方之人民．這個不特教員忘却他的責任，並且將見惡影響於生徒．因爲在教育上欲求一個地方的進步，就是告訴他的青年可以發展那個地方的好處（Good），不是使他的青年厭惡他們的鄉土．

校舍，教室，遊戲場等等是學校的直接的地理環境，教員生徒對於這個直接的地理環境要相順應，並且還要改良那個環境使適於教授．現在關於學校建築的設計已成爲專門的研究．如教室及實驗室的建築，裝飾，光線，空氣流通等等皆須按着最近發明的道理設備，纔可以更增加教授上的效能．

第六章　人的心靈要素

人是心理發展的動物．人類社會的特色就是他們的社會關係是一種發展的心理的關係．我們討論人口，都假定人口是能感覺能思想，有高等的心靈活動的．社會上各種現象人類的一切行爲，我們窮本溯源，都可以推到心理．卽文明自身，我們追索他的根源，也是在人的心靈．教育的成立亦是因爲人類有學習的能力，有心理發展的傾向．

人類心理雖然有如此重要，但是在心理學的研究還是在幼稚時代，不能將人類的一切行爲都用心理學解釋淸楚。現在心理學雖然有許多的分支，但都是研究專門的，特殊的問題。本章勢不能敘述各種心理學的問題，只就人類的性質與社會成立有關係的部分略爲討論。

人類生活的現象就是活動。按生理學的解釋，生命就是繼續不已的消長的變遷（Metabolism）人的身體各部分不斷的在那裏有消長。人的心靈也不斷的在那裏發生消長的變化。有人說人的心靈的活動就是神經時時發生變化。總之，人的生理與心理兩方面都是繼續的有消長的變化。人類生活的現象雖然有千變萬化，但是分析觀察，完全不外這兩種活動。所謂變遷，分開說是長的變遷（Katabolism）與消的變遷（Anabolism）接續看起來，就是一種節奏（Rhythm）有升有降，有起有伏，有動有靜。旣說變遷就沒有完全始終一律的，完全一律或完全停頓的時候，生命也就停頓，就是死了。上文所說生理，心理兩方面，是相連的不是相隔離孤立的。身心兩者眞正的關係到底如何屬於哲學研究的範圍，我們不能討論。但是只就我們普通的經驗看來，由身體所得的感覺可以促起心理作用，心理作用也可以引起身體的動作。例如兒童見了奇怪的東西，就惹起畏懼的衝動，而畏懼的衝動也可以引起逃避的行爲。我們應當注意的就是活動是人類生命的根本。社會上各種事業，如產業界的競爭，貧富的軋轢，政治的革命，政黨的紛爭，無非是許多人的活動。卽普通貧者之孜孜求溫飽，富者之孜孜求福利，也都不離活動的原則。我國的遊惰階級雖說沒有活動，但是每日嫖到半夜，賭到天明，也是他們的活動。中國俗語說，『天下本無事，庸人自擾之』雖說是消極的話，却含有心理學的至理。教育者對於生徒，特別是對於兒童，萬不可忘記活動的重要。

註。教育者知道活動是生命的根本條件，就應該積極的設法發達兒童的活動，不可用消極的方法，專防制他的活動。桑戴克教授（Prof. Thorndike）曾說：『教育的目的應該發展積極的道德，使作好的工作，不應該發展消極的道德，不作惡的行爲。學校只教兒童不要去偷，不如叫兒童去誠實的好好謀生；只禁止兒童不許他在棹上刻畫他的名字，不如叫他在學校園內種植；只教他不許戲弄比他們年幼的兒童，不如教他去幫助他們做事遊戲．於道德最要緊的可以說不是學校不許兒童做的，是學校教他們做的．（桑戴克教育學二十九頁，三十頁．）

人的心理活動在生理方面看來是神經的活動，在心理方面看來，就是心理的成態（Mental equipment）的活動．心理的成態若不完全，就發生變態的心理狀態．生理學者或神經學者對於這種狀態常在神經系統上發見什麼缺點．心理的成態或構造是各人與生俱有，從父母體遺傳得來的．他好似一捆的可能性（Potentialities）等着發展．人自降生以後就慢慢的發生心理的活動．有時受了外邊的刺激惹起心理作用，發表成爲身體的或心理的活動，有時自動的由於內部的衝動表現爲身體的或思想的活動．人類所有的心理作用都可以按這個感應（Stimulus and response）的道理解釋．人的心理作用源源不絕好似水流，他那變幻萬端，在死的以前沒有停息的時候也好似水流一樣．

人的心理的成態包括許多的衝動，欲望．就中最根本的就是爲保存個體，保存種族的本能.就是其他的心理作用也都是直接的間接的趨向這兩個目的.人的求衣,食,住的欲望就是爲保存個體.人怕餓,怕寒是生理的組織如此要求.但是因爲怕餓怕寒,許多本能與動作發展,得以充足飢餓的慾望或避免寒冷的壓迫.如人在幼時卽有吮咬,等本能發現.此外如遊獵的本能求衣求食的各種動作.人類進化,動作複雜,本能的原始形象已不復見,然今人之爲衣食所迫,欲求溫飽竟至無所不爲者,也足可見其勢力之強大.求衣食的衝動不是簡單的,還有其他傾向輔助援引他的表現.在現在的生活情形尤爲複雜.所謂經濟的活動,勞動,製作(Workmanship)在根本上常爲這個衝動,或至少也與這個衝動相連.求衣食常不是一個人所能做的,人類不得不有結合.故原民最早就有團體的遊獵,男女的分工,民族的遷徙等團體的行爲.

保存種族的本能最根本的有二:性的本能與慈愛的本能.性慾是人類社會最大的勢力,有時且較比求生之念尤强,男女之戀愛婚媾,都是以性慾爲基礎.戀愛是一種高尙的情操,與最初的性的衝動迴乎不同,但是戀愛常見於異性之間,除戀態的現象以外不見於同性之間，可知他的基礎還是在性的本能．澳國弗洛依德（Freud）一派重視性的本能，以爲大部分的心理現象皆可用性慾解釋，未免過甚其詞．但是性慾的勢力却是很大，社會上有許多重要問題皆因性慾而起．人對於幼稚發生慈愛的衝動．就中特以女子這個衝動尤爲發達．兒童得受撫育，就靠着慈愛．

個體有始有終．個體雖然滅絕，但是他的繼續就靠着種族．性慾與慈愛就是保存種族的基本本能．二者相連纔有生殖，纔有撫養，纔有家庭的制度．家庭制度自何時纔發生，我們無法可考．就現今人類學的材料推考家庭的形態，雖然有千差萬別，但是可以說是普遍的制度．千萬年以來，人類的繼續，種族的蕃衍，社會的發達，都倚賴這個家庭制度做基礎．性慾與慈愛的本能直接的是家庭制度的基礎，間接的又是文化的基礎．據佛洛依德一派的研究，性慾的高尙化（Sublimation）可以造出文學美術．世界上不只情詩艷文是抒最纏綿的情感的，還有許多文學的傑作，美術上的製品，都是性的衝動——但是高尙化的——的成績．慈愛是人類本能中最利他的本能．慈愛的表現常置本身的禍福於不顧．所以慈愛可以說是本能中最社會的，最高尙的慈愛不限於幼稚，更擴充到同種或全體的人類．人類相聚營共同的生活必然要互相雍容和氣．見了旁人快樂也幫着助興，見了旁人有憂患也就設法援助．這種愛人救人的心理作用固然是很複雜的，內中還有同情，憐憫等傾向．但是他的發展的基礎，不能不說是慈愛的本能．又如麥獨孤（McDongall）的說法，慈愛不特現於家庭中的撫育幼稚，若與其他本能相連，更可成爲道德的情操．如慈愛的情緒不得滿足，就變成義憤（Moral indignation）的萌芽．義憤就是所有法律，公道，的基礎．社會上的公道，法律，一方面雖然靠着制度維持，但是他方面還要靠着人的心理的態度．那個心理的態度就是如義憤一類道德的情操．

人類集聚的基礎是合羣的本能（Gregarious instinct）．動物中有許多合羣的種類，如蟲類之蟻，蜂，鳥類之雁，鴨，四足獸之羊，狼，都是合羣性特別顯著的．他們都有合羣的本能．人類不甘孤寂，常願與同類的集聚，比以上所說的各種動物更甚．人類無論是做事或求娛樂，總是願意有多人在一處．特別是娛樂更是歡喜人多．現在都市發達，鄉村的民人，盡量遷徙到都市裏去，更可見人類趨羣衆的傾向．都市吸收住戶有多種原因，就中因爲人多，容易集成羣衆是一個主要的原因．都市裏羣衆的魔力極大，一般人沒有不爲羣衆吸引的，因此在都市住居的人合羣的本能更爲發展．在都市住慣的人，除非因爲教育上，思想上，或其他種種必不得已之原因，很少願意遷居到鄉僻地方的．世上有願意隱居獨處避畏煩囂的人，大概是合羣的本能薄弱．

合羣的本能雖然是人類集聚的基礎，但是與社會性（Sociability）不同．合羣的本能，就是一個人在羣衆裏就覺得舒服快樂，離開羣衆就覺得踧踖不安．這個本能並不包含對於社會的意識．所以普通的羣衆純然由於合羣的衝動的集合，只是烏合之衆，不能稱爲社會．一個社會必然各個體間有相互的了解，有共同的目的或理想．合羣不過是一種衝動，如兒童歡喜同聚一處遊戲，大人歡喜到遊戲場或人多的地方去．人總是趨車磨轂，人夾肩，萬頭攢動的地方，常是無意識的，受合羣衝動的促迫．至於社會性必然在心理進步的人纔能發展．個性與社會性是人的發展兩方面．個性發展，社會性纔可以發展．合羣的本能常妨害個性．如羣衆運動時個性潛伏，受羣衆勢力的指揮.

人的各種衝動都是先天的,與生俱有的,但是他們不是有生以後同時發現,一定與身體的發展相偕.所以人的一生在不同的年齡常有新的本能發現,也常有早發現的本能凋萎.例如嬰兒吮乳的本能,等到嬰兒稍長,吮乳的本能已經無用就萎縮了.如性慾普通在十歲以後纔漸露萌芽,一直到青春期纔真正發現.合羣的本能也是在十歲以後纔發展.兒童最初見了人多是發生畏懼的衝動的.同是一種本能,有許多不同式的表現,本能因爲經驗,智慧或教育可以改變,但是除了自然凋萎以外,不能絕對的剷除.例如畏懼的表現,有許多情形可以惹起.兒童最初見動轉的東西發生畏懼,有了經驗以後,可以不發生畏懼,但是他的畏懼的本能仍然存在,因爲畏懼遇見旁的情形還可以觸發.

人的本能有多少種,各心理學者沒有一致的見解.以先哲姆士承認有二十八種特殊本能.近來麥獨孤只指出十一種是特殊本能.德列倭爾(Drever)只指出十種本能是特殊的.無論各家所述本能的種類有多有少,從他們的功能方面看來可分爲二類：一類是保存個體，一類是保存種族．後者或可再區別爲保存種族與增進團體的幸福兩類．例如以上所說的各種本能都可按此分類．此外如畏懼，憤怒，好奇，自炫．自貶，都可算做保存個體的本能．但是所謂保存個體，保存種族，並不是嚴密的區別．因爲欲保存種族必先保存團體，而保存個體的傾向，最初的（Primary）直接的功能是保存個體，但是次要的間接的功能就常是保存種族．無論本能的功用如何，我們要承認本能是人類活動的根原．人類行爲的原動力．

以上所說飲食的欲望，性的本能，合羣的本能不是人類所獨有，其他動物也有，這些衝動保存他們的個體或種族．人類的心靈在根本上看來與一般動物沒有什麽分別．有人說動物的心理作用完全是本能的，衝動的，人類的心理作用是合理的、智慧的．這種區別在以先比較心理學未進步的時候，頗爲一般學者所主張．但是近年來，人都知道人類行爲的根原，與動物無異，是離不了本能或衝動的．動物雖然愚蠢，但也是有智慧的．心理學者曾用許多種的試驗測量動物的智慧．所以我們不能舉智慧與本能爲兩種不同的心理作用，用智慧表示人的心靈的特色或用本能表示動物心靈的特色．人類與動物間之差異不能用智慧畫分顯明．人類的智慧高，動物的智慧低，那是誠然無可疑的．（動物的本能活動，常有巧奪天工，精美出乎智慧之上的，但是與智慧不同．有人認為是一種本能的神祕的機能．）所以我們須尋出為什麼人類比動物的智慧高，纔可以發見他們的區別．

現在先討論智慧．有人主張本能是自然的衝動，智慧是複雜的工具，變言之，本能是人的行為的目的，智慧是達那個目的的方法．（例如麥獨孤卽作如是主張）有人以為智慧與本能是相對的，本能萎縮，智慧纔發達．這種二元論法是最普通的．我們相信智慧與本能也一樣的是人類本性．如好奇與『試驗與錯誤』兩種傾向就可以說是介乎本能與智慧之間．至於思想與言語可以說是智慧的重要傾向．

好奇與『試驗與錯誤』也都是人類與動物共有的心理傾向．他們有時候是本能的，有時候是智慧的．例如好奇的表示如只有肌肉的緊張，就屬於本能的．倘若好奇於肌肉緊張之外更增加注意力，因而使記憶與聯想豐富，或記憶或聯想與外界物象一樣的能引起好奇，那就是屬於智慧的．促進助智慧的發展．如『試驗與錯誤』

本爲動物滿足衝動的一種程序．普通的衝動受了刺激本可以促迫動物使尋該衝動的滿足，但是有時因衝動不能用簡單的程序滿足，就須用試驗的方法，幾番試驗，幾番錯誤，最後達到目的，衝動纔能得滿足．這就是屬於本能的．倘若因「試驗與錯誤」而引起記憶與聯想，或試驗的行爲受記憶或推想的支配，就屬於智慧的，增加智慧的進步．所以好奇與『試驗與錯誤』是介乎本能與智慧之間．如能引起記憶或爲記憶所引起，就可以認爲智慧的程序．

從此看來，記憶，聯想是於智慧特別重要的心理作用．據比較心理學者之試驗，動物也未嘗沒有記憶，但是他們的記憶力有限，不如人類記憶力的強大．生理學家說人類的大腦發達，所以高等的心靈活動發達．（『歐洲男子腦的平均重量爲一，三六〇格蘭姆，歐洲女子腦的平均重量爲一，二一一格蘭姆．似人猿的腦的平均重量不過三六〇格蘭姆．如非洲猩猩之腦不過當其身體重量之百分之一之半，而歐洲人的腦重量至少有其身體重量之百分之三）個人所經驗的可以記憶，備以後參考比較．他不特能將具體的狀態留下影像以爲記憶，並且還能將性質情況留爲記憶.所以他的行爲時時與過去的經驗相關聯（Correlate），所以他的行爲就不是完全爲他的本能的衝動所支配而多少受經驗的影響，加以改變.因爲經驗可以存留，所以人的智慧可以增加.因爲經驗可以存留所以人的心靈的生命在一生裏是繼續不斷，前後照應.因爲經驗可以存留，所以人的行爲不是偶然的衝動的迸發，也不是散漫的無系屬的行動的表現.但是人的記憶不是散漫的零碎的記憶，所記憶的有所取捨，有所選擇.取捨選擇以於他的生活有用與否爲標準.所有的行爲必多少與過去的經驗相關聯，供新的行爲的參考比較.

以上所說好似過於重視記憶.要知智慧之發展全靠記憶供給材料.不然人類智慧絕無方法可以發展.所記憶的又不特是心靈的影像，還有觀念，不特具體的事物，還有抽象的概念.所謂概念，就包括心理上分析綜合的程序.對於現象分析他的同異差別、撮取他的要點，纔可成爲概念.概念之成立與保存又須依賴言語.（言語詳見後）所以人所經驗的事物雖然異常夥多，但是他的記憶一方面因爲有選擇取捨，一方面因爲有概念言語，却極經濟不致使腦筋內無地容納.

思想與言語是主要的智慧的衝動．思想的程度有高低．最原始的思想不過是許多觀念感情自動的繼續發生．這些觀念與感情，繼續起伏，自然的成爲一串，但尙缺乏條理系統．記憶，想像，推理，混在一起，沒有顯明的區別．所謂胡思亂想當與此階級相近．人當思想的時候動作停止，或只無意識的做單調的動作．注意力不趨向於外而傾向於內．所以人耽於思想的時候，對於外邊的現象常恝然不顧．今人凡對於外邊的事物不理會，不注意的人皆稱爲『有心思』．這種自働式的思想，在高等動物與兒童的心靈生活上已可見出．成人的思想，如果不受阻遏，那觀念，記憶，想像，推理等等複雜的成分就如河流一般繼續不息的發現，成爲思想的流（Stream of thought.）

散漫的思想，如上所述，是沒有用的，必須有組織．人遇着困難或本能的衝動不能滿足的時候，除了用『試驗與錯誤』的方法以外，就要用有組織的思想．有組織的思想，就是將散漫無紀的記憶聯想等聯絡組織，使與現在的情形相關聯，解決現在的困難．這種進步的思想就是使人類從本能的生活進到智慧的生活第一步．普通思想在適宜的狀況之下，不用努力，自然發生，也不爲意識的目的所支配．故『思想的流』常蜿蜒不息，漫無制裁．及至社會進步，以成訓及教育之力，使思想的材料大見增加，思想也多少爲努力所支配．所謂有組織的思想，就是有制裁的思想，就是努力對於某種對象有所思想，與『胡思亂想』不同．人類現在的生活當然須有强大的思想力．故有組織的有秩序的思想最爲切要．教育的程序自一方面看來可以說是思想的訓練，使生徒將他的記憶，聯想等組成系統．但是散漫的思想也有時發現爲極高尚的心靈狀態．如能深思的人未必果有詩的心境，而牧童村叟向來缺乏深切的有系統的思想，反有時富於詩的心境的．

人類與一般動物最顯明的區別可以從言語看出．發聲是人的天賦的本能．人類初生就有哭，號，叫的傾向．但是人不只有呻吟號叫之發聲，更有符號發表意思傳遞意思．言語按廣義解釋，不只包括所說的語言，所用的文字，卽繪畫，動作也皆包括在內．總之，凡以聲音或形象做表示意思，傳達意思的符號皆應稱爲言語．動物如狗，狼用聲音，或動作，或分泌的氣味做他心理的接觸的工具．他們的畏懼，性慾，遊獵等本能大概都是由這些刺激惹起．所以一般動物只有情緒的興奮，情緒的接觸．人類則能傳達觀念，傳達意思．

心理學者常將言語列入習慣一類，以爲人類的言語是後天習得，並非與生俱有之傾向．我們的言語上所用的名詞，成句熟語等等固然是後天習學的，但是近來有許多證據可證明言語是先天的傾向．如普通人的腦中有言語的中樞，啞叭的腦筋，言語中樞有損傷的徵象．可見人類用聲音表示意思本來是心理的成態中之一部分．又如兒童與野蠻人的繪畫所表示的人物頗有相似之點．他們絕不是從世俗的畫法學來或偶然相同，一定是先天的對於所見，所想，所記憶的有用符號表示的傾向．更可見用符號表示意思，是人類心理的成態中之一部分．

思想與言語都是智慧的傾向，二者的進步是相依的．凡人思想，必有所思想的資料，絕不能想空想無 (Nothingness)．但是思想的時候，那些資料必有言語代之．故人的思想常用言語思想．視覺敏銳或想像力强的人思想的時候或者心中常像電影一般發起無數的景象．但是普通的思想離不了言語的．特以高深的思想須完全用言語．如一個人獨自思想就是心中獨自說話．猶豫不決，就是獨自辯論．思想須用言語，故思想以言語而益明．言語既爲思想之工具，故言語也以思想而益精確．

從人類的特殊本能看來，人類社會與動物社會原無大差異．合羣動物，特以類人猿類營羣居的生活，是我們所知道的．人類的特出，從心理方面看來，不得不推由於思想與言語兩種先天的傾向．人類羣居的生活，因爲有思想言語，從本能的水平線進而至於智慧的水平線．從生理的生活進而至於心靈的生活．故社會學者稱人類社會的關係純係心理的關係．

以上所述除了本能衝動以外，還有情感，也是不可忽的．人類各種行爲都常帶着情的色彩．我們的本能活動，如畏懼，憤怒，慈愛，性慾，情緒的方面特別顯明．又如合羣的衝動不能滿足，就表示不安之狀，更可見情緒的表現．情緒是援助或促進人類行爲的動力．人的行爲常爲情感的生活所支配．各種本能都有與他相當的情緒，這都是基本的情緒．基本的情緒相聯合對於某種對象成爲有組織的系統就是情操．情緒與情操，都是社會生活上的重要要素．如歡悅，悲愁，欽佩，羞愧，嫉妬，仇怨，都是情感方面的心理狀態對於人類的社會關係，有深遠的影響。社會的風俗，習慣，制度，設立既久，常倚賴人類的情緒情操維持。人的道德的行爲，從根本看來，也不只是知的問題，還有情的問題。不在乎輸灌道德觀念或道德理想，乃在乎養成道德的情操。近代國家發達，人民所發展的國民性（Nationality）也常是團體的情操，不是純粹理性的產物。情緒與情操在社會生活上之重要於此可見。

以上關於人類心靈所述至爲簡略。若求詳盡當更讀心理學專門之著作，特以教育心理學及社會心理學兩類書爲尤要。今只就上述幾點推求其與教育之關係。

人的發展自心理方面觀之，實爲心理的發展。這是教育者所當注意的。人的發展可以從兩方面與動物的發展相比較。（一）一般動物的心理的成態簡單，不用長時期的發展，所以生長速成熟早。他們的行爲完全或大部分靠着天賦的本能。有些動物雖然可以利用經驗改變本能，但是因爲能利用經驗的程度有限，所以智慧的進步也有限。人的幼稚期比一般動物都長。他在幼稚期內，擴充他的意識，增長辨別事物之能力，學習傳遞思想之媒介（言語），發達智慧的程度。所以動物脫離母體成熟極快，人類脫離母體成熟至快也須十幾年．這十幾年間就是他的心靈發展時期．幼稚期長是人類的幸福，也是人類進步的基礎．動物成熟甚早，所以他的氣質稟性早就變爲固定的，不易改變，或完全不能改變．因此智慧也無從增加．人類成熟遲緩，他的氣質，稟性，猶可長久保持其『杞柳之性』(Plasticity)更加以改變發展．因爲人類的性質在長時期內可以保持他的『杞柳之性，』所以教育纔是可能的事業，所以人類纔有變異，不至全造成一個模型．因爲有變異，所以纔產出進步．(二)人類勝過動物的，不只是因爲人類心理的本質上能夠受教育，能夠有改變發展，並且還因爲人類心理有改變發展的機會，動物沒有——或只有極少——改變發展的機會．動物的固有的衝動，雖然極早就變爲固定的，但是那些衝動也不是生而完美，必要經過幼稚期，經過多少的『試驗與錯誤』以後就很少錯誤．高等動物對於經驗也能利用但是他所利用的經驗只限於個體的，個體以外的經驗影響甚少．動物的心靈因爲缺乏個體以外的經驗，所以不能發展．個體以外的經驗有兩方面，一方面是個體以前的經驗，一方面是同時的個體以外的經驗．這兩樣，動物都不能利用．所以動物一方面是沒有歷史，沒有成訓，沒有前代的產物，每代都是藉着天賦的本能重新起首。又一方面，動物沒有社會，個體間沒有高等的心理關係，所以動物除了幾種簡單的社會關係以外（如慈愛，性慾，合羣的衝動表示）可以稱爲個人主義者。人類與一般動物在這兩方面上是大不相同。一方面人類有歷史，成訓。一切過去的經驗大部分可以遺留到現在，爲今人所利用。所以人類社會不是每代重新起首，是將前人所發展的得到以後，更從前人所停止的地方重新再向前進。所以教育的事業是一種程序，使新的一代融化過去的經驗，或按着過去的經驗發展新的一代的心理。另一方面，人類有社會，個體間有高等的心理關係，所以人的心靈受社會的影響，促進他的發展。

從此看來，人類心靈的發展，是因爲（一）人性可以變化，可以發展（二）人類可以融化（Assimilate）過去的經驗，可以受納與其他個體接觸的影響。假使沒有教育，人類心靈誠然也可以自動的，無意識的發展，但是一旦有了教育，教育就變成發展人類心靈最主要的程序。這個程序可以指定發展的趨向，並且增加發展的速率。

發展必有相當的刺激，教育最主要的功能，就是預備相當的刺激引起心理正當的發展．人的本能雖然是與生俱有，但是只能對於外來的刺激的反應，本能的動作纔發現．假使本能不得刺激，受了抑壓就覺得一種神經的緊張．受抑壓的本能雖不必凋萎，但是精神上產出極重要的現象．不過本能對於不同的刺激起不同的反應，所以他的表現有許多型式，在一種型式受抑壓的，也可以在他型式上表現．若本能完全受抑壓，卽可以起神經的異狀．並且本能遇了相當的刺激，也可以發生正當的反應，可以高尚化（Sublimation）．所以教育的問題，是供給正當的刺激，發展高尚化的本能．例如兒童飢餓需求食物，消化機關也有消化的能力，但是必須見了食物，或嗅了食物的氣味，或想起所食之物纔發現反應．若與以不衛生之食物或在不餓的時候見了食物，發生反應，反於兒童的身體有害．又如性慾在青春期發現，必然有相當的刺激纔可以引起反應．若在此時與以興奮淫慾的故事材料，或在幼時卽刺激性慾，必至使性慾有不正當的發展．總之，人的本性是一捆可發展的本性，發展的良否在教育上看來，全靠着刺激之正當與否．教育的責任不特是與以相當的刺激，並且指導他向精美高尚方面去發展.

高等的心理能力,是以後學習得來的,他的發展更需有刺激.所以在教育上更容易改變.高等心理不在幼年設法發展,或者終身不得發展.如不向正當方面指導,或者可以發展成有害的能力.終至戕害自己,殘賊他人.所以幼年的發展要看他所處的環境,他的環境足以支配他的發展的方向.現在社會的環境,家庭的環境,當然不是理想的.所以學校應該設法使生徒所處的環境與理想的環境相合.生徒的性質得了正當的高尚的發展,將來也就可造成那理想的社會.

刺激心理,指導心理發展的,不獨是教育.政治上一切設施,社會上一切制度,一切關係,一切接觸,都有刺激心理,指導心理的勢力.不過教育如果執行的有效能,在心理發展的初期與成熟,更有勢力罷了.中國自近年來,野心的軍人與政客在政治上,社會上都以利用人的心理,爲達其欲望的手段.梁任公所謂『弱點之相互利用』已爲現在社會上的風氣.不圖這個風氣也發見於教育界.教育者忘其神聖的責任,不設法發展生徒的正當的心理,反去鼓動那生徒的已經發展不正當的病的心理,煽動他們，使更進行到已經走錯的路途．假使教育者要知道他的行爲於被教育者的前途，間接於社會的前途，有多少的重要，他就不應該利用人性的弱點．特別是在羣衆運動的時候，人性弱點最易暴露，人性強點也最易暴露．換言之、人性容易向惡劣方面，也容易向良好方面發展，因爲人性根本上無所謂善惡，或道德與不道德，本來是非道德的（Non-moral）．有高尙理想的教育者，更應該藉着這個機會，發展人性的强點．不可因自己的弱點一時占優勢，而引導一般靑年，都陷入迷途去，滿足他自己的惡劣心理．

人性在根本上雖然一樣，但是參差不齊．如本能有强弱，衝動有得發展的，有受抑壓的．所以教育者對待被教育者不能完全一律對待．古時希臘學者希包克拉帖士（Hippocrates）從氣質上將人的心理分爲多血，神經，粘液，澹汁，四質．這是用生理學上的名詞，表示人的氣質的種類．後代心理學者多有採用這個分類法的，也有將四種類擴充成爲八種類，或十六種類，容納兩三種類相間型的．也有完全否認這個分類法的．例如桑戴克對於氣質分類就反對最力．他的反對的理由是因爲實在的人沒有能代表一種純粹氣質的．人都是混合氣質，不能列入一種類．這個批評誠然有理．雖然將氣質分爲三十二種，六十四種，恐也不能包括世上千差萬別之人類．但是爲普通說法，這個分類也頗應用．一九〇五年法國的心理學者畢納（Alfred Binet）與醫士西門（Dr. Simon）發明心理測驗之標準，這些標準曾修改兩次，以後又由美國的心理學者修改多次，曾施用於學校，軍隊，及工場．最近美國克侖比亞大學之入學試驗也採用心理測驗法．心理測驗，較比以先氣質的分類，當然進步很多．第一，氣質的分類只限於情感方面，心理測驗則測驗智慧．第二，氣質分類是沒有憑據的．心理測驗是用設問法，多方面考求出來的．所以心理測驗當然更有價值．但是教育者萬不可絕對的信賴這機械的問答，變爲心理測驗的奴隸．我相信有經驗的教育者，於心理測驗之外，與生徒的接觸長久，體察生徒的性質，有時更親切，更可靠，更明確．

第七章　交通方法及社會成訓

前章曾說：人類勝過動物的一方面，一方面因爲他能利用個體以前的經驗，一方面又能利用同時的個體的經驗．人類對於個體以前的經驗，有繼續保存的能力，所以後代的人的生活有許多現成的事物供給應用．這是動物所沒有的．最初的原民生活的狀況，已經埋在長久的過去，我們無從測知，恐怕將來永遠也不能測知．但是就理論上推想，我們祖先的第二代當然比第一代進步，因爲第二代已經可以享用第一代的經驗，第一代所經過的失敗，第二代可以不必蹈覆轍，而第一代的成功，第二代就可以無代價的利用．以後人類保存的東西每代必有增多．先代的遺產，固然有許多已經失存，未得保留到現在．但是除了失存的以外，留存到現代的還有許多．這實在是我們人類的幸福．因爲假使我們沒有過去的成績供我們享用，我們的生命必異常貧窮，貧窮的程度恐怕還要低於動物，因爲動物生理上，心理上的成態，有許多可以應用不必像人類須訓練學習的．這祖先的遺產可以稱爲社會的成訓(Social tradition)考現在各種民族部落，無論如何樸野，無不有社會的成訓的．所以我們可以說社會成訓是人類社會成立的要素．

人類能利用同時的個體的經驗是表示一種相互的關係．我能採用他人的經驗，必須假定他人也能採用我的經驗。換言之，各個體的心理狀態都可以互相傳達，互相了解。人類因爲有心理的接觸，共同的活動乃能成立。人的心靈因爲有心理的接觸，內容特別豐富，範圍特別擴大。共同的生活，不是個體的成績，也不是個體相加的成績，乃個體心理相交換相感應的成績。所以從心理方面看來，社會不是個體機械的相加的總體，乃個體相關係的綜合。所以現在每個體都可以直接的間接的享受無數個體的輔助。假使各個體間心理上沒有接觸，不特人的生活窮迫窘促，即共同的生活也必不能成立。人類的接觸有方法多種，我們可以總稱爲交通方法。交通方法，是社會成立不可缺的條件。無論採用過去的成訓，或與現代的人接觸都是根本上不可缺的。現在先討論交通方法。

合羣，是人的很強的自然衝動。合羣的表現使人不特要求身體的接觸，因爲心理的發展，更要求心理的接觸。接觸必然有方法，有媒介。方法中最首要的當然是言語。

言語在根本上是人的表現自己的衝動，但是以後發展的言語純粹是人造的，用慣的（Convertional）的符號，爲社會所公認公用的．言語不過是許多聯貫的符號，看來無什稀奇．但是人能造出言語，一定是經過心理上的分析與綜合的程序．已經能造出概念的程度．人的心理進步已經很高了．況且人類自有了言語，心理上又見大改變．如言語能輔助記憶，輔助思想（馬克司苗勒 Max Müller 曾說：『無言語不能有思想，無思想也不能有言語．』這兩者是相連的，所以兩者的進步是相偕的，）並且開闢與社會接觸，與成訓接觸的途徑．

人類所生活之世界，可以說是言語之世界．言語之功用至廣且遍．言語之影響至深且遠．凡屬同社會者無不享其用，被其影響．如人非言語不能生活，善用言語者懷有絕大的勢力，演說家，政客，教員，俳優之類皆以言語爲其最利之工具．其用可見．又如人呼『賣國賊，』在不明這三個字的相連的意思的，原沒有什麽重要．英國有句俗語說『一個名字算什麽？』（What's in a name?）殊不知一個名字，可引起重要的影響．普通的學生聽了『賣國賊』三字立刻就聯想到賣國賊的人物，或逕惹起憤怒或痛恨的心理態度．與『賣國賊』有關係的或惹起恥辱的情操．至若『賣國賊』自身聽了或內部筋肉發生緊張，做抱頭鼠竄之態，或心理上起仇恨或敵愾的態度。所以三個平常的字竟可有極偉大的魔力。類此之例甚多。（如軍閥，資本國民自決等字皆是。歐戰之際，聯盟方面的國民聽有『德意志』或『德探』等字，也足惹起無量的複雜的心理狀態。）然此不必限於特別有意味的字，卽最普通的字，也因各人的聯想，經驗或快樂苦痛的感覺而對之起不同的複雜的心理反應。因爲言語是代表事物的，所以我們對於事物的感情的態度，也就移轉至代表他的言語上。

註。杜威的民治與教育上曾說：

『因爲言語代表物質的狀況——這個物質的狀況爲社會的生活利益起見，已受了絕大的改變，物質的東西因爲變成社會的工具，所以也已經失了他們的本來的性質——所以言語與其他工具比較應該占大部分之重要。我們用言語得分享人類過去的經驗。因此使現在的經驗更加增更豐富。我們在形式上，在想像上，能夠豫料情形。言語有許多的方法將記載以先社會的成功的，豫測將來社會的景象的，縮爲簡短。在人的生命上有價值的東西中，言語占如此

大的一部分，以至不識字與無教育是同樣的意義。』（四五——四六頁）

言語包括口說的話與書寫的文字兩種。人類自從有書寫的字就可以用形體的符號代聲音的符號。最初的結繩，後來的竹簡，都比口說的話進一步。形體的符號可以複製。及至印刷方法發明，文字的東西可以有無限制的複製。這個勢力非常偉大。文字可以普遍於社會。以先智識思想，是階級所專有的，現在變爲一般平民所公有了。

現在學校教科中，言語占主要部分。讀書作文都是最重要的功課。無論那一類的知識，也都用言語傳授，用言語解釋。自從活字印刷術發達以後，報紙，書籍，小冊子等印刷物，更占人生的主要部分。現代的人用眼的官覺輸入外邊的東西最多。在工商業發達的都會，印刷物的勢力，遍處可見。每日殆無人不讀報紙，商店，工場殆無處不有招牌，商標，廣告，貨價單。這都是文字借着印刷品推廣的勢力。兒童在學校中一年所讀之字總比他在班上所聽或所說的話（參看 Judd; Psychology of High-school Subjects 一五二頁）多。所以現在的人自兒童時起，學習言語文字，是最重要的課業.現在因爲世界交通,各種族的接觸頻繁,所以人常有學習兩三種言語之必要.一個人能讀文字,他的心靈的限域已經大見擴充.一個人能讀或能了解他國的言語,他的心靈的限域,更加擴充好似發見一個新的天地,得融化吸收新經驗的機會.所以現在人類的接觸,除了身體的或屬於人的接觸以外,更發達有極廣遠的極複雜的,不屬於人的(Impersonal)接觸.這個接觸於社會的成立是最重要的條件.就其小者而言,我們朋友間的交誼戚族間的感情有許多要靠着言語文字的方法,維持增進,是我們所知道的.

自從科學進步之後,人類更發明了許多方法,或使我們的言語可以及遠,或使我們的身體運轉自由.如上節所述之印刷術就是傳遞言語的一種方法.此外如電報,電話,郵政,制度都是現在傳達言語的利器,也就是心理接觸最敏捷的方法.長距離的電話可以使人在幾千萬里外的距離自由通話,如晤談一室.世界的電報可以使美總統或英首相的宣言同時爲全世界的人民所誦讀.電話,電報,郵政爲現代文化必不可缺的利器,假使沒有這些利器.不特世界的國際的組織不能成立,卽工商的小都會的生活也不易維持。這種交通利器比古代的烽火，後來發明的旗語（旗語現在在軍艦商艦上仍然通用，但是他與烽火相同的，就是距離不能太長。他與烽火不同的就是可以表出所要說的話來，不過每個字母都要用旗式做出，頗費時間，當然不如電話或電信。無線電信無線電話發達，一定可以代替他。）當然不可同日而語。

輪船，火車，電車，自動車，飛艇，爲交通利器之又一類。這些方便不特運送我們的書信文件印刷品等，並且更運送我們的身體、電報，電話，及一切運輸器械，最大的影響，就是將地球縮小，使天下變爲戶庭。英國的華拉斯（Graham Wallas）說：

『大社會的思想在專門的，屬於人的組織中做成的不過小部分。現在的思想只可以分爲兩種定型：或爲個人的思想，或爲不屬於人的思想組織之一部分。這個不屬於人的思想組織是現代交通方法所產出，凡大社會中成年的分子多少都屬於這個組織中。我們的屬於人的思想組織，仍然可以做事有效的，是因爲國會，市議會的議員，政府各衙署的官吏，公司的董事，到會場的時候，他們

的心裏都已經從新聞紙上書籍上將他們官覺以外的世界的意見論調，吸收充滿了。』（大社會二八〇——八一頁）

華拉斯所謂大社會，係指現在物質進步，交通便利的社會。屬於人的思想組織係指各種會議各種委員會。在現今交通便利的時代，人的思想的接觸已演出極廣遠的組織，超乎人的關係之上。假使出席「人的會議」的，沒有吸收或採納他們直接的接觸以外的意見，他們一定不能稱職。所以「人的會議」範圍縮小或漸失其效力。反之，不屬於人的思想組織，益顯勢力。如英國國會是最鞏固，最有效能，在歷史上最長久的。近人都說關於重要政策的討論有由國會漸移到國會以外的傾向。此足可見輿論的重要，輿論的勢力有影響國會所討論的政策的能力。

活動電影，留聲機器，以及繪畫，彫刻等美術品，皆是心靈交通的利器。留聲機器傳遞音調，活動電影傳遞形象活動，皆可複製無數份，演奏無數次。就中特以活動電影的勢力爲更大。人類的祖先聽覺與視覺或者是差不多的靈敏，但是自從有了文字，發明了印刷術以後，用視覺的機會，遠過用聽覺的機會，所以現在由視覺輸入的東西，最容易也最多。所以留聲機器的片子只限於音樂歌曲一類。我們向來沒有看見過留聲機器中述說長篇故事的。至於活動電影，爲世人所應用，雖然在留聲機器以後，但是他的發達真有一日千里之概。現今世界各處殆無不有演活動電影之場。無論男女老幼，晚間坐安樂椅上，可遍觀世界最著名事件經過之實蹟。各大活動電影公司所攝之時事新聞影片，如某地之選舉，某國之觀兵式，某市之賽球，皆歷歷活現於目前。今人足不出戶，不特知天下事，且能看天下事。不特此也，古代之歷史名人之小說著述，自然界生長變化之程序，多已攝入電影中，分配於各國演奏。其傳遞思想，灌輸知識，發展心靈，必有絕大的影響。從此看來，活動電影於心理上，社會上，教育上將見極大的功効。但是在他方面，活動電影已顯出消極的影響。向來活動電影所演之片，常描寫離奇之强盜，鄙俗的戀愛，或其他無益的使心理興奮的故事。結果遂有一般人受其暗示，或流爲盜，或變爲狂，或墮落爲「惡少年」。現今世界上有許多都市的犯罪，據說皆因直接或間接受電影片的暗示而發生。所以犯罪學者竟稱電影爲產生罪惡之一種原因。關於歷史科學或名人小說之電影片，近來頗爲一般所歡迎。此類影片能將往古的事實，自然的狀況，或長篇著作所描寫的故事，於數小時間活現於觀者之前。他的特長就是節省時間，將各種知識，各種文藝，化爲通俗，使不識字的或識字不多的都能享受高尙的文化。從此看來，活動電影實可謂空前的發明，因爲他的功効比印刷術還廣遠。但是或以爲此類電影實有大妨害於讀書的習慣。特以關於文學著作的電影，雖然可以將故事敘述的非常淸楚，扮演的非常眞切，但是文字所形容的情景終有不能爲電影所描寫的。所以電影發達，或且有害於文學，使將來一般人民對於高尙優美的文學反廢而不讀。正如現在歐美都會有許多人因專看畫報，竟不注意於文字的記事評論一樣，但是現今活動電影已演出極專門的技術。作劇本，布景，扮演，製造，皆須專門家。他的勢力，在教育上，社會上，無論爲善爲惡，都是非常之大。從事製造活動電影事業者，要是知道他們的責任，不特可以將電影已經發現的缺點可以改除，並且要是運用得法，還可以成爲輔助教育，改革社會的最有効的工具呢。

繪畫彫刻及其他美術品都是人的心靈的產物，顯出作者的心靈。假使賞玩的人與美術家的程度相若，他就可以領略美術家的意匠。不過美術家所用傳達的工具與普通不同。普通的人用言語做工具，美術家用顏色，筆法，聲音，形象做工具。人不能賞玩美術，有因爲不知道美術家所用的工具的，正如言語不相通的人不能互相達意一樣。也有因爲心理發展的程度或心理的背景不同的，正如寡見少聞的人不明白博聞强識的人一樣。

以上所說的交通方法都是屬於技術的，因爲言語，運輸方法，傳聲傳形的器械，美術品等都是技術的進步的成績。言語最初雖然是人的自然衝動，但是後來的言語有一定格式方法，也就成爲技術了。除了技術的交通方法以外還有最重要的，就是人的品格。在時間上，空間上與我們相遠隔的人我們要用以上所說的交通方法知道他們。與我們直接的相接觸的人，我們可以直接觀察他的品格。察言觀色是認知人的最直接的方法。一個人的容貌，舉止，盗勢，聲調，表現他的品格比什麼都清楚。儀表比言語表示的多，表示的真切，也比言語更有勢力。

品格在人的接觸上，人的發展上最有勢力。教員及同學的品格比舉行多少修身講演讀多少修身教科書的影響都大。無論用什麼巧妙的方法推行道德教育都不及『以身作則』有効驗。所以教育家最注重『人格的感化』。在學校裏，不特教員的品格須注意選擇，卽一班的兒童遇有恣勢或舉止發生惡影響於全班的也當急速設法防止糾正。兒童的發展誠然須有充分之自由，但是那個自由須以不發生惡影響於全班爲限。常見一班的秩序完全因爲一二人開始，影響全班附和，纔破壞的。所以有時爲維持全班的紀律起見，不得不將品格乖僻或惡劣的兒童隔離的。

從品格一方面看來。戲劇是表現品格最有力的一種藝術。戲劇描寫人生。劇中人物都各有各的品格。我們批評劇本的好壞，有時可以從他所形容的劇中人物的品格的真確與否爲定。兒童一方面有求新鮮經驗之欲望，一方面又有表現自己之欲望。演劇正可滿足此二種欲望。所以兒童演劇在教育上常可收極良好之効果。假使劇本的選擇得宜，劇本上人物的品格感化兒童可以有深遠的勢力。古代雅典曾以劇場爲最重要的教育機關。但是讀者要知道我們所謂戲劇乃藝術的戲劇，若中國的演劇，已變爲形式主義的，劇中人物已失去獨立的特出的品格，變爲定型的。若用表現品格這個標準來判定中國演劇，是沒有教育價値的。

以上所舉人類心靈接觸最主要的交通方法，在教育上的功用因人各有不同。兒童的心理成態各不相同，他們所用最有効能交通方法也各不相同。教育家的責任就是要發見兒童各人以用那一種交通方法爲最合宜。例如兒童有聽覺敏而視覺鈍的，教員爲教育的方便起見，爲個人的發展起見，都應該利用他的聽覺，發達他的聽覺。又如兒童有不能賞玩音樂彫刻的藝術作品，而偏於力行活動的，教員就應該鼓勵他的力行活動。一般人所用的交通方法大槪只能長於一二種，絕少能用各種交通方法都有十分的効能的。但是無論用那一種方法，如果能將眞實的生命透澈的表現出來，就是極高尙的藝術。不特詩歌，音樂，演劇，文章，演說，到了能表現生命都是藝術。卽人的日常行爲果能表現性格，也是藝術。西方人說『人生是藝術』。誠然不錯。

人類的心靈接觸，就上述諸種，可分別爲直接的間接的兩種。直接的卽屬於人的接觸可以見面談話。聲音，容貌，儀表，手足肢體的動作都可以應用。間接的卽不屬於人的(Impersonal)接觸,專靠着間接的交通方法宣傳意思.現在人類間接的接觸日益擴張,日益重要(參看本章所引華拉斯的話)但是現在的教育仍然是直接的接觸占主要部分.學校都是教育與生徒的直接接觸,或生徒間的直接接觸.不過現在的教育機關,不限於學校,學校以外間接的接觸,日益發達.例如函授法就是一種.私人所設的函授學校固然多以營業爲目的,但是美國大學所設函授科於普及高等知識,頗有成績.又如近來圖書,雜誌,新聞紙在教育上都有極大的價値.我們知識的大部分恐怕不是在教室裏聽先生所講的,還是從書籍,報紙上讀來的.

以上所論並不是看輕教室中的授課,或主張完全將學校封閉,將圖書館,報館,變爲教育的機關.要知人的稟性不同,所用的交通方法,各有相宜的.兒童的性質有必須受人的直接的薰陶,感化,纔發展的,也有只受極小量的人的提撕,卽可發展的.兒童有必須受激烈的刺激(如人的催迫,監督)纔可以進步的,也有只用一二本書卽可促醒其好學的趣味的.兒童有必須在團體中互相競爭鼓勵纔能進步的,也有獨自讀書時進步反更快的.總之,各人的稟性,各有適宜的刺激,纔能有所啟發.所以人的直接的接觸是不能免的，絕無完全用間接的接觸爲教育方法之理．況且人的心靈的性質是由人的接觸纔發展的，人在間接的接觸之下總有許多的心靈的能力不得發展，也是缺點．不過將來心理學進步，能對於人的差別，測量有結果就可以做到「因人施教了」．

交通方法因所做的事不同各有所宜．事業有宜於單獨一人做的，有宜於團體做的，有應該受人的直接的啓發的，有應該受間接的啓發的．例如凝思冥想一類的思想最宜於一個人去做，並且最好是沒有外邊的干涉或惹起注意的事．試驗思想的正確與否，或闡明思想的成績，須公衆討論，就以團體共做爲宜．至於運動遊戲，當然是團體的活動．如生徒讀書時發音錯誤或研究問題閱覽書籍誤入迷途，必須由教員啓發他，指導他．年齡較長的生徒，有許多事不必等着直接的啓發，就可以發展他的心理．教員僅指定幾種參考書或並參考書也不指定，學生儘可自動的得間接的心理的接觸．總之現代心理的交通方法既有多種，卽當擇其最適宜，最有効能的爲教育的工具．

教育學者心理學者都驗證明學習是社會的程序。學習最少必有教者被教者兩方面。德國的邁爾司（Mayers）的試驗兒童團體工作時，時間省，功績良。生徒成爲一班，就產出一種全班的精神。毛以曼（Meumann）調查兒童願意團體的做功課的占百分之八十。美國的哲姆士也說過『看見旁人的活動是使我們自己活動的最强的刺激。』這都是實在的情形。但是教育上絕不可偏用一種交通方法或使兒童永遠在一種環境（情形）之下做功課。要知專用一種方法教授日久養成一種慣習，將來用他法教授或竟有不能見效能之弊。兒童合羣性强，好團體的工作，固可獎勵，但是養成不能自修，不能獨自研究預備而必須合同團體做事，也是危險的。

運輸是輔助心理接觸的方法。他對於教育的影響更顯而易見。他不特傳遞印刷物並且運送人的身體。以先交通不便的時候，學生遊學極困難，常有因交通的梗阻，竟不能達學習的希望的。現在各省交通較前方便，遊學的機會加多，所以國內各著名的學校，都收有各省的學生。又如交通不便的地方，如欲辦高等以上的學校，甚覺困難。因爲邊遠之地，消息不靈，人易流於弊塞，所以教員不易得。生徒稍有資力的也都外出就學，所以生徒也不易得從此看來邊徼腹地要興辦教育，以興辦交通爲第一條件。卽在都會的學校，也多少受市街交通的影響。中國的學校，常用寄宿舍解決都會上交通不便的問題。但是兒童住寄宿舍多有不便，且寄宿家中又是多加一層負擔。鄉村間學校也須交通的聯絡，纔可以發達。美國鄉村的聯合學校常有用自働車運送兒童的。

中國學校的教授法，向來是有專用一種交通方法的弊病。在新式學校設立以前，先生教年幼的生徒只有誦讀，對於年長的只告以應該誦讀的書籍。講解不過占學習一小部分。所以心理的接觸大部分要靠着文字。以先教授的科目適當與否現在姑不具論，但是因爲常用視覺並且因爲誦讀也常用聽覺，所以於文章的聲調頗能模倣。但是不慣聽長時間的講演。新式學校都採用教科書及講義兩種。教科書及講義本來不是念的，不過是供講授的憑藉，使教者有綱領系統可尋，被教者有線索去豫備或研究。但是現在的學校竟念起教科書或講義來。用講義或教科書的弊病，有以下幾種。（一）生徒依賴講義爲他所學的知識的唯一的源泉。先生所用的講義大概是以先學生時代鈔來的，未必是自己研究或讀書得來的成績．先生上課時只將講義念一遍講一遍，所謂講就是逐字逐句的講並沒有什麼發揮．教員的知識限於講義，生徒的興趣也不能逸出講義以外．生徒學識思想完全爲講義所囿．所以生徒很少有讀書研究的．試觀中國各學校所存的圖書不過寥寥幾本，教員所發的講義，反卷册累累，便知此言非誣．假使生徒永遠惟講義是賴，中國的學術思想將永無進步的希望．(二)生徒依賴講義則上課時間過多．用講義的教員常以時間太少不敷講演，要求多加鐘點．所以現在中國中等以上的學生，平均都是三十小時．學習法律的有每星期多至四十小時的．其實教員如能提綱絜領，讓學生研究後再從事討論則儘可省出許多講演的時間．因爲上課時間多，所以學生更無餘暇自己讀書．講義制度妨害個人的研究．(三)用講義與兒童讀課本的方法無異．兒童因爲識字有限，不明字意，所以教員應該指導．他年長的學生仍用講義，不特是知識幼稚，簡直是程度幼稚．現在中國因爲方言不同，參考書少，誠然有時有印刷品之必要．但是用講義或教科書做爲讀本，實在是阻遏生徒的進步．現在心理接觸的方法，固然以印刷品爲最重要，灌輸知識，也以印刷品爲較簡便。但是所謂印刷品是指許多種的書籍雜誌，並不是講義一端可以包括的。總之在高等以上的學校，講義錄，教科書只可用爲參考，不可用爲讀本。教授須爲啓發的，不可爲注入的。學術之研究不在講義，尤在有系統的博覽羣書。

討論是心理接觸的最有效的方法。可惜現在在教授上常棄而不用或用的時候很少。古代希臘的哲學家如蘇格拉底，柏拉圖都曾採用討論方法。柏拉圖的對話(Dialogues)就是最好的關於討論的記載，留存到現在的。討論是心理的最密切的接觸，但是出席討論的當用同種的言語，有相似的心理的背景，並且研究同一的題目。不然討論無一貫的精神，變成搗亂，必致毫無結果。試讀柏拉圖的『共和國』可見討論的精神。上節說大學的學生不能專靠講義，要有系統的博覽羣書。假使學生同習一科，讀同類的書籍，即可採用討論法，提出問題，共同討論。要使生徒獲得知識，討論是極有益的方法。所以在高等以上的程度，須採用演講，讀書及討論三種主要的教授法。講演是傳授知識的方法。但是因爲知識太博，只用講演不能盡量發揮，且用視覺所得的比用聽覺所得的敏速而淸楚．所以一定要讀參考書，增進知識．讀了書以後更須就着所得的知識，交換意見，尋求眞理．所以一定要有討論．講演讀書都是傳布知識的方法，就中印刷品的功效更廣大，更捷速．討論是尋求眞理的方法．從此看來，我們學校中以解釋講義爲教授學術的方法，是最笨重，最淺薄，最少效果的．

交通方法既如上述，玆再討論社會成訓．

人類藉着祖先歷代所遺下的成訓（Tradition）營文明的社會生活．這個成訓，分析出來，包括着知識，技術，風俗，習慣，制度．人生在社會裏就有現成的知識技術爲他使用，有現成的風俗習慣制度爲他遵守．成訓是我們最寶貴的產業，因爲假使我們沒有這成訓，我們的生活就與一般動物無異，或且比一般動物的生活還要壞．

成訓中最寶貴的就是知識與技術．我們對於許多根本問題如物質的實在，人生的究竟，雖然還沒有滿意的解釋，但是現在已經有若干的知識與技術足供我們的應用享受．如獵取動物，採取植物，礦物，種植五穀蔬菜，豢養禽獸，造火，煑飯，縫衣，建房屋，造器具等，關於普通衣食住的生活的知識技術，現在已經很複雜，很進步的．又如關於人的生殖治療，已經有極重要的知識，特別在治療方面發展重要的技術。又如關於支配自然勢力的知識，自古以來，雖有進步，但是很緩慢的，自近代科學發達以後，乃見急激的進步。現在的自然科學與物質科學，一方面有豐富的系統的知識，他方面有普遍的廣遠的應用。又如關於人類社會也有很多方面的知識。關於過去一方面有歷史，關於物質的滿足一方面有經濟，關於立法，行政一方面有政治，關於考求人類的進步一方面有社會學。凡此種種的知識都是研究人羣生活的學問，同時也都是維持或增進人羣生活的技術。此外更如關於音樂，繪畫，彫刻，詩歌，文章諸種高等文化的活動，也是異常豐富，成爲專門家所研究的知識與技術。

現代的人生，在社會裏就享有以上所說的知識與技術。所以他最先要了解這些生活上，文化上所有的——或一部分的——知識與技術，並且應用他們。從社會的成訓方面看來，教育就是發展人的享用那些知識，技術的能力的一種程序。學校中所設的科目絕不能隨意的，要以能夠發展人的享用社會成訓的能力爲標準。人必然得到這個能力纔可以爲社會中的健全的分子。但是人類祖先所遺下的知識，技術，異常繁雜，他們的全體不是每人都可以享用的，所以人類社會要有分工，各專一門的知識與技術。普通的淺近的知識與技術是人所當知的當能的，這個應該從幼小的時候就先學習。但是那高深的，特殊的知識與技術，就應該爲各人專門的研究學習。從此看來，科目的分配教材的選擇都是教育上最重要的問題。關於科目要就成訓中所有的知識與技術，分爲若干門類。這些門類應該如何分配，在何種學校中設立，都要以發展人的享用知識技術的能力爲標準。關於教材要就社會成訓中選擇最適當的材料，教授兒童。這個材料不特要與兒童的心理發展的程度相適合，並且更要能夠發展人的享用知識技術的能力。所以中小學校所設的科目，所授的教材，要謹愼選擇。不能完全靠着教科書或舊講義錄，依樣畫葫蘆的。

現代的人對於祖先所遺留的知識與技術，不特要能夠享用並且還要設法增進。我們現在的生活比較古人雖然在許多方面有進步，但是不能使人滿意的還有無數的地方。况且因爲進步同時更發生種種的弊害，人類須共同的設法剷除。所以我們於享用傳來的知識技術的時候，就負着增進知識技術的責任。擔負那個責任的目的就是爲改良現在的社會生活。

風俗，習慣，自從古代祖先所遺傳的，累代加增，現在已成了社會上當然的產業。無論那一種社會，莫不有風俗習慣爲人所遵依。無論那一個團體，也莫不有制度軌範人的行爲。考古代希臘稱各社會固有的特殊的習慣，觀念，標準，典章爲 Ethos. 即後代歐洲各國所謂『倫理』的一字（如 Ethics, ethique, Ethik, ethica 等等）即從此字根蛻化而出。羅馬稱最廣義的風俗爲 Mores，凡風俗之有利於福利的，有傳來的，奧祕的或神聖的權威的，皆用此字包括。歐洲各國所謂『道德的』或道德一字（如 Moral, morala, moralisch, morale 等等）即來自此字根。現在英法德諸國言語，皆無有與 Ethos 或 Mores 恰當之字，若稱爲倫常，或倫理則失之過狹，若稱爲道德則失之過高。所以社會學者近來常用 Mores 原字，我國文字也無與 Mores 適當的字。我們只可稱爲風俗習慣或簡稱爲風尚。

社會裏充滿了傳來的風俗習慣的空氣，各人都是降生在那個空氣中，受那空氣的影響。沒有人可以逃出去的。所以風俗習慣的勢力很大，一個人生在某時代的社會裏，卽受那時代的風俗習慣的印象，無論他願意與否，一定要遵從那風俗習慣．在野蠻的或未發達的社會裏那風俗習慣是常成爲畫一的，固定的，硬性的(Rigid)，他的勢力也更爲强大．以先英國白芝浩說原始的風俗好似一餅，不容易折破的（見其所著物理學與政治學）正是一絕好的比喻．例如中國以先有女子纏足，男子蓄髮的風俗．當時的男女無論願意與否一定要遵守的．雖然經過一次革命多番的訓導提倡，還沒有將這個風俗完全革除．可見風俗革除之難．在進步的發達的社會裏．風俗習慣常是駁雜的，比較着易變的．但是社會裏仍然是有主要的風俗習慣，占重要的勢力．社會上大多數的人仍然要遵守那風俗習慣，少數的異端者雖然可以自爲風氣，與社會的主要的風尙相反抗，但是他們不能一時就把他改變．所以社會上大多數的人都是按着現狀生活，他們的行爲受傳來的風俗習慣的支配．風俗習慣都包含着判斷律條，他脅迫一般人服從的勢力非常的大．順之者安，逆之者危．無論什麼人都不能除外．

風俗習慣的起源或遠在古先，或爲無意識的發生，現在大部分已無從稽考．但是他的功用却要注意.人類靠着他維持共同的生活,滿足共同的需要.所以社會中的幼小要學習他服從他.成年的人要維持他遵守他.他有權威的普遍的,畫一的,不變的社會的勢力.無論什麼人,什麼社會現象都受他的支配.要知以上所形容的風俗習慣,並不是神祕的,奇怪的,抽象的,或奧妙難尋的.風俗習慣就在社會上一般的人,特別是所謂羣衆的生活中保存.羣衆的禮儀,作法,都是按着那風俗習慣,也就都是保存那風俗習慣.普通說羣衆富於保守性質,卽是說他們的惰力大,他們自己不肯輕易改變他們的風俗習慣,也不輕易讓他人或幼小改變.所以風俗習慣脫離社會生活,並沒有獨立的或抽象的存在,他就在社會生活之中.

如上所述,風俗習慣維持共同的生活,滿足共同的需要,用他偉大的勢力,鞏固社會的團結,齊一社會的行爲的標準,這都是他的最大的功用.但是他的弊害就是不易改革.歷史上所起的大運動,大革命,都是因爲反抗舊風俗習慣發生運動或革命的效果,須經過長久的時期,纔可以變爲風俗習慣,或融化於固有的風俗習慣之內.風俗習慣的成立都與當時的社會生活相當,與當時的社會狀況相恰合.社會狀況是常常變化不止的．因爲社會狀況的改變，風俗習慣也不得不與之俱變．但是風俗習慣深藏在各人的習慣作法中，惰力極大，最難改變．所以要改革見效，要有時間的要素．風俗習慣的改革有有意識的，有無意識的．近代社會的改革，大概都是有意識的，由先知先覺的少數（他們最初都是異端）發起運動，以後纔漸漸的見效果．他們所用的方法是鼓吹，宣傳，或以身作則．如當政權則可用政治的，法律的方法達改革的目的．向來的大改革都不外這兩種方法．前者是最常見的，歷代的改革，都是有先驅者，犧牲者，去鼓吹運動，做種種宣傳的事業．後者是國家勢力偉大的時候，纔有力施行社會政策，改革社會的思想習慣．但是無論用那一個方法，或私人的運動或政府的權威，皆須羣衆能够容受，纔可以有效．如不顧固有的風俗習慣，强爲施行改革，則常見發生激烈的反動，於本來改革之目的，有大妨害．歷來改革運動的成敗，大都可以從羣衆能否準備容納，解釋理由．

用鼓吹，宣傳，政治，法律的方法推行改革，都是有限的．因爲要求改革有效，必須羣衆的態度不是積極的反抗，能够容納改革．但是要叫羣衆容納，必須準備．因此最根本的有效的改革方法，要推教育．成年的人受了現存的風俗習慣的薰陶染化，就安於故常不易改變，也不易看出改變的好處，所以成年的人常是頑固的保守的．要求有效的改革，要在學校裏改變幼年人的習慣，心思，理想．學校是製造社會的習慣風俗的最重要的機關．我們要造就什麼樣的風俗習慣，就應該從兒童下手搜集相當的教材去教育他們．近代的政府都已明白教育在養成風俗習慣上的重要．教育是增進社會的團結，齊一社會的行爲最主要的，最有效的工具．特以普魯士，日本的國家都是用教育的方法，於短期間內造出他們政府當局的理想中的人民．合衆國也是用教育去融合那夥多不同的種族．將合衆國固有的風俗習慣用教育的方法灌輸給盈千累萬的移民，使他們融化美國的文化．從此看來，教育是灌輸風尙轉移風尙的重要方法．近代國家都已注意利用這個方法了．

以上所說教育的方法，效驗最大，但是同時也發生絕大弊害，不可不防．既說教育灌輸風尙，無論好壞的風尙，都可以灌輸．則其危險甚大．例如普魯士的教育灌輸軍國民的風尙，日本的教育灌輸忠君征略的風尙，都是用教育的方法灌輸誤謬的，狂妄的，有害的風尙，貽害無窮，不特是人民的災禍，並且惹起國際間的大危險。一九一四年至一九一八年的歐洲大戰爭，一大部分的原因是德意志風尙的結果，間接的就是受德國的教育的影響。所以第一要防備所灌輸的風尙不是狂妄的，有害的，須是善良的，有益的。風尙有趨於固定，板滯的傾向。幼年受了風尙的薰陶，即易變爲固定的型相。這也是危險。風尙要不時加以改革的。少年一方面雖然要社會上固有的風尙，一方面還要對於那風尙有批評的能力。例如上文所舉普魯士，日本兩例，每代的兒童，都按一個模型造就，不許變化，結果那個社會的風尙是獨一無二，沒有與他相對立相抗衡的。假使那個風尙是好的，也必陷於停滯，沒有進步。假使那風尙是壞的，因爲沒有對立抗衡的風尙，一般人都奴隸般的服從遵守，就要產出無窮的危險。所以第二要防備所灌輸的風尙不是專斷的（Dogmatic）一成不變的。

制度是風俗習慣的結晶，成了定型的產物。制度可從概念組織兩方面觀察。凡是一種制度都代表一種觀念，理想或利益。但是那個制度也一定有一種組織。沒有概念的組織與沒有組織的概念都不能成爲制度。組織可以維持概念，並且可以使概念實現的一種工具.制度有自己生長的,有由人力推行的.自己生長的都是根本於人的本能,變爲風尙,由風尙更成爲固定的特殊的定型.如婚姻制度,財產制度,宗教制度,法律制度,都是人民的習慣行爲因爲共同的利益變爲風尙,及成有組織,卽成立爲制度.由人力推行的制度是有意的創造的,是進步社會的理性的成績.這種制度雖然不必自然的發生,但是人類的智慧可以創造出來.如銀行制度,選舉制度都是因爲人類生活的需要,定出組織方法,或採取他民族社會已經通用的方法纔成立的.但是無論制度是自己生長或由人力推行,都須根本於風尙.自己生長的制度當然是要由風尙中產出,卽是人力推行的制度,也要合乎那社會的風尙,纔可以成立.所以外國的制度不是可以隨意採用的,要看他與本國的風尙情形如何而定.採用與本國風尙不相容的制度一定是有名無實,或改變原來制度所包含的概念,或失去原有制度的精神.此間所說並不是反對採用一切國外的制度.要知應該採用的,要急速採用.不容易採用的要用教育的方法使他本國化.採用可以使人民知道這一種制度,也是教育上最有效的方法.例如採用選舉制度固然要人民的風尙可以容納這個制度，纔可以成立，但是敎育可以使人民準備容納新制度，採用這個制度使人民知道這個新制度，是更有效的實地敎育．

上文說制度的性質．社會學者更將社會制度分爲廣義的狹義的兩種．按廣義解釋制度，人類各種形式的聯合（Association）都可以稱爲制度，如家族，國家，敎育，宗敎皆是人類選擇的組織，皆可稱爲制度．按狹義解釋，人類聯合的各種型式不能稱爲制度，維持或造成聯合的工具或方法，並使那個聯合得以盡其職能的工具或方法乃得稱爲制度．如按狹義解釋，則婚姻可以稱爲制度而家族不能稱爲制度．國會可稱爲制度而國家不能稱爲制度，學校可稱爲制度而敎育不能稱爲制度．敎會可稱爲制度而宗敎不能稱爲制度．從此看來，制度是人民公共承認的關於相互間的形式或關於外界事物的一種形式．關於人的相互間的形式如婚姻制度，關於外界事物的形式，如財產制度是．至於聯合則不特是一種形式並且還是制度的根源．聯合是人類爲一種共同目的的聯合，是一個活的組織，而制度是聯合所製造的，是一個形式，一個方法．但是這兩種的分別不能嚴格的畫分．因爲一方面我們雖然可以判別聯合與維持那特別形式的聯合的制度，但是制度常兼有兩種的性質．例如學校雖然是教育上的一種制度但也可認爲一種聯合的一種形式．國會雖然是國家的一種制度但是也可認爲一種聯合的形式，總之，此種區別不能嚴密的判定．因爲假使說聯合造出制度，那制度也可以造出聯合．如婚姻是一種制度家族是一種聯合，但是也可以說家族是因婚姻的制度纔成立的．所以我們可以說凡是人羣有目的的，爲人類共認的組織，都可以稱爲制度．

制度的功用有兩層．一層是滿足人的需要，使人類達到他們的目的．一層是設立一定標準軌範人的行爲．人的生活不能獨立，必須分工合作已爲不可掩之事實．人的需要繁多，要求滿足，自然發達種種的聯合的生活，造出種種公共承認的制度．如家族的制度，經濟的制度，政治的制度，教育的制度，遊戲的制度，教會的制度．假使人類沒有制度．他們一方面就不能獨立的滿足需要，他方面也就因要求需要滿足難免互相妨害．所以社會生活可以說是人在制度下的生活．原民生活單簡，雖然沒有固定的制度，風俗習慣或已可爲軌範行爲之具，及人類的需要增加生活的方法複雜制度是絕對的不可缺的.而且社會生活愈複雜,制度也是愈加增.從此看來,制度在社會上有保守的勢力,有制裁的勢力.因爲他是保守的,所以不與時勢相適合的時候,就常被人攻擊,因爲他是制裁的所以束縛人的自由或創造的時候,常被人推翻.要知道制度不過是維繫社會生活的一種工具,無論什麽制度,都沒有神聖不可侵犯的.社會制度存在的理由,就是爲滿足需要,軌範行爲.制度的當存在與否要用這兩端去做標準.至於制度的好壞,要看他所滿足的需要或所使達的目的是好的還是壞的.

在今日生活變化急激的時代,舊制度要多少改革,新制度要隨時勢發生,是當然的事實.但是無論是舊的改革或新的發生,絕不能是無意識的舉動或盲目的模做,必以維持社會生活爲標準.制度的好壞與應該存在與否,要看他所滿足的目的如何.此間重言社會生活,並非意在犧牲個人生活.要知個人的目的惟有在社會生活中求實現,個人的需要惟有在社會生活中求滿足.(參看社會與個人章)所以社會制度是人人所共認的.

學校是一種教育制度，他對於風尙與制度，有兩層的關係．第一層學校自有他的風尙與制度．第二層學校對於社會的風尙與制度有傳遞及改造的責任．

無論那個學校都有他的風尙普通稱做校風．校風在學校裏有不可侮的勢力．常見校風敗壞的學校，如有教員要想整頓校風，他一定惹起極激烈的反對．新成立的學校，校風尙未成形，『移風易俗』是較爲容易．有歷史較長的學校，一代一代的學生已經將校風製造的很強固，新入校的學生卽刻就須受那校風的薰陶，所以要想改變校風是極困難的．但是要眞實行改革也不是沒有方法．最重要的方法，就是從新入校生着手，設法不使他們與舊風尙同化．同時在教育方面，則設良好的風尙，日久可以變爲固有的風尙．要知消極的壓迫刑罰不能完全改革腐敗的風尙，一定要用良好的風尙代替他的．學校內的制度也是有很大的勢力．如授課的方法，考試的方法，遊戲的方法等一旦成了固定的制度，就有惰力很不容易改革．但是爲維持學校的效率起見，那無用的制度常要裁汰，或改革，有用的制度常要添設．所以學校裏的制度不能一成不改的，還有一樣要注意的，就是各種制度不是獨立的乃是相連的要改革一種制度要考究他與其他制度的關係．社會上的制度是如此，教育上的制度也是如此．例如要改革考試的方法因爲考試與教授，自修，校風都有關係，就不能專就考試的方法改革，還須改革與他相關聯的制度．

現在社會上所需要的不只是心身發達的個人，並且還須是社會的重要分子．各人要發展成社會的重要分子，必須能遵守社會的風尙制度．因爲假使社會上有許多異質的(Heterogeneous)的人民，不能享受社會固有的文化，不能融化固有的風尙制度，社會就成分裂的形勢，惹起社會的不寧．所以社會的風尙制度要爲人民共同的享用遵守．教育的責任就是將社會的成訓，風尙，制度，有意識的傳遞於新起的一代．在複雜的社會裏傳遞成訓，風尙，習慣更須有系統的，有方法的．所以教育的責任更爲重大．學校設立科目，應當用這個社會的眼光．但是教育的責任不只是傳遞，還應當有取捨．過去的風尙制度固然是我們祖先最寶貴的經驗，習慣，留存給我們享用，維持我們的社會生活．但是時代變遷，社會的情形常引起風尙，制度變遷的必要．所以青年一代的遵守風尙習慣，不能是盲目的，奴隸的遵守，應該是意識的，的了解的遵守．教育的傳遞也須有選擇的傳遞．從此看來，教育的責任是保守風尚制度，同時還須改進風尚制度．

社會的風尚制度也有影響於教育．社會不良的狀態，常見其雛形於教育上．但是從社會方面看來，必須由教育謀風尚制度的改革．從教育方面看來也是教育負風尚制度改革的責任．假使教育上不能首創改革，那社會的改革更無望了．

第八章　家庭與教育

社會組織有許多種．社會學者有按着組織上關係的親疏將各種團體分別爲初級的（Primary social groups）次級的（Secondary social groups）兩種的．美國米西甘大學教授枯雷（C. H. Cooley）就是這樣分別的第一人．初級的社會團體內，個人的接觸達於最高限度，關係最爲親密．人的社會的衝動，也最爲發展．兒童在初級社會團體內時正是年齡幼稚，容易受納外邊的印象，所有以後社會的經驗都是從這個時代發端．所有的暗示同情，模倣也都是這團體內發生萌芽．有人說我們學問思想的大部分都是在小兒五歲以前造就的．假使這話是的確的，這初級社會團體當兒童的學校年齡之先，實在是惟一受教育的地方．兒童在五歲以前受個人的影響最大．兒童與人或物的接觸無處不是新發見．真正的教育家絕不能置兒童受學校教育以前的時期於不顧．初級社會團體係指家庭，遊戲團體，鄰里諸種社會．他們教育的影響都是非常的重要，對於教育與學校有同等的作用．學校既然是聯絡各種教育勢力的一個機關，學校的教員應該具有寬大的眼光．不能只注目於學校的小範圍內，須顧及各種社會團體．

初級社會團體最重要的當然就是家族．有人說家族是社會的單位．人類社會大概都是在家族內過生活．所以家族的組織是普遍的．家族的組織以血統或婚姻為基礎．他的職能有幾種可以分述如左：

一．生殖的職能，人類大概都是在家族內產生的．其不在家族內產生的都是例外，不是常態．所以家族最重要的職能就是生殖．家族制度和婚姻制度一日不能廢除，那一代一代的人類當然都是在家族內產生的．二．經濟的職能，人類的勞働和滿足衣食住的欲望向來都是在家族內執行．遊獵時代牧畜時代，都是家族團結，從事經濟上的勞働．至於農業時代也是家族的職業．女子在家裏從事紡織．男子去耕田．所以家族也就是經濟的團體．三．政治的職能．家族裏頭有一定的秩序．保持秩序必然有風俗習慣．家族裏的人都是各人有各人的職分和權利．例如中國的家族向來是父系的家長制度．家長有整飭家庭的特權，管理全族的財產，婚，喪，祭祀等事務．年幼的應該服從家長的命令．女子應該管理閫內的事．所以家族自身可以認爲一種政治的組織．四．宗敎的職能．中國普遍的宗敎，是家族的宗教，崇拜祖先．全族的人都崇拜共同的祖先．所以家族是一個宗教的團體．崇拜祖先是一個社會的維繫(Social bond)西洋的家族，不用祖先崇拜做宗教，但是他們的家族却也有宗教的職能．新教徒每日早晚兩次祈禱常是在家裏執行．兒童最初宗敎的觀念也都是在家裏學得．五．教育的職能．兒童最早所受的教育就是母敎．以後就是由家人接觸所得來的敎育．兒童在家庭得到最早的印象，以後行爲都與他幼時所受的印象有關係．有許多知識都是他幼時在家裏得來的．例如女子隨著母親就學會做飯縫衣．男子隨著父兄就學會耕田牧羊．一族的文化由家族傳授下來的實在不少．

總上所述,家族實在是一種極重要的社會組織.家族是人類最早最久的團體,是人類合作的文化的最簡單的團體.所以有人說家族是社會的單位,社會的胚胎,根本的社會制度.家族誠然是勞働,遊戲,教育,手工,社會理想傳來理想的中心點.人的身心最初的發展都是在家族裏.單就心理一方面說,人己的與非己的識覺卽從家族中先產出來.兒童心理最初不能判別己與他人.以後纔漸漸的曉得己與母與父與兄弟姊妹的分別.從己與他人的關係上,纔產出關係,依賴,反對,同情,忌恨,戀愛等精神狀態.

家族的各種職能,既然有這樣重要.但是近來家族因爲社會上起了各種變化,他的有用的職能也自然就跟著改變.家族改變最大的原因,就是因爲經濟的變化將家族的環境改變.自從歐洲工業革新以後,人類生產方法改變,社會生活也發生了劇變.人類都由鄉野間轉移到都會上去.例如美國在一七九〇年都會的人口只占百分的三·三五,及至一九一〇年都會的人口竟占百分之四六·三.這可以看出都會的勢力.都會的家族生活比鄉間的家族生活不同.有美點也有缺點.他的美點就是享受文化，開拓思想眼界．他的缺點就是失去與自然的接觸和衛生的好環境．又自從工業革新之後所有重要的消費品大都是在工場裏製造．家庭工業日就衰微．家庭已不能成為經濟的團體．所以家庭失去統一，有分崩離析之趨勢．

二百年來歐美的家族之改變已成為不可掩之事實．中國的家族也正在改革之中．現在從事教育的，應該急速考查現代家族之缺點，用學校這個機關補助．西洋尚有教會及各種慈善機關補助現代家族的缺點．中國則只有學校責任最為重大．學校與家族與社會應當對未來的人負共同的責任．在學校年齡內之兒童更應該由學校負責．

考現代家庭生活的缺點可分為四項　一　現在普通的兒童都不會使用器械．他在家裏沒有機會發展他的技巧．他對於工場裏的大機器沒有機會學習，更是門外漢．人類學者說非洲的巴康達（Baganda）族的「兒童模倣他們父親的鎗做出玩具的鎗．做的極其精巧，將鎗撥動的時候，發極尖響的聲音．他們也會倣造極精巧的腳踏車，用蘆葦造輪輻．告訴他們一個新觀念，他們立刻就能領悟．用幾少的幾種器具和他們周圍常用的材料，卽可做出極精巧的東西來.』又如南非洲的卡佛兒（Kaffir）族『三歲兒童所做的提鳥籠極精緻，英國農人的兒子，沒有趕得上他的.』現代兒童都趕不上這一類.

製造是遊戲消遣的一個好法子.兒童在農場裏還有機會用器具，發展他的手工的技巧.在都會裏沒有這種自然的教育.家庭又不能解決這個問題.假使學校沒有適當的方法使兒童發達技巧，學校功課有時反倒討兒童的厭，使他生畏懼的心.學校解決這個問題也不容易，但是學校當補助此種缺點.學校有勝於家庭的地方.第一，學校裏的人數多，可以有爭競獎勵的機會發達他的好勝的心.第二，學校裏有專門家的教練，使兒童得適當的預備.學校裏敎授手工，有這樣的方便.並且學校的專門敎員可以使生徒得審美的觀念，做出好看的東西.所以現在有許多學校已添設手工教育.

學校補助現代家庭的缺點.不只是在手工或機器方面.其他方面如團體的運動遊戲，也都是好法子.比勞働更爲自然，有益衞生，發展個人.運動如野球，足球，筐球，都可以發展聯絡的筋肉的運動力量和技巧。這些種運動方法，都是發展技巧力量所必需的知識，只有學校內可以設備這種運動的好環境，家庭裏不能辦的。

女子在家庭裏和男子一樣的失了發展技能的機會。所以現在學校裏都教授家政，割烹，育兒等科目。在中下等的社會這些種知識，沒有教授的機會。都是等到女子出嫁後從經驗上得到。歐美的家庭的不圓滿，男子流於暴飲放蕩，沒有節制，兒童流於汙濁驕恣，沒有教訓，大概都是由於女子不明治家育兒之術。一般女子向來沒有受過訓練，等到爲人妻的時候，決不能組織良好的家庭。爲人母的時候，不明養育兒童，教育兒童應有的知識。所以現在的學校應該整頓家政一方面的學科，教授女子所應有的最重要的技能。家政，技藝的門類很多，如育兒，救傷，身體的訓練，都是女子應有的知識。男子要發展他身體上高等的技巧，女子要發展他應用的，美術的，治家的能力。總之，學校應該向這兩方面去做補助現代家庭教育不足之點，並且將學校課程與家庭教育相聯絡。

二．現代家庭的一大部分是在都會裏過生活。在都會裏的人大概容易受羣衆的刺激．都會裏刺激的種類最多．不調和的聲音，顏色，鎭日裏擾亂我們的神經．不規則的變化，時時惹我們的注意．這些種刺激多了，使人性質趨於躁急．兒童受刺激影響更大．所以都會產的兒童最大的毛病就是無恒，思變，思想努力都不能聯貫．鄉間兒童的思想努力都有聯貫的傾向．這是環境的關係．鄉間有寬廣之野，奔馳之川流，季節之變化，草木之生長，以及鄉間生活上義務娛樂相迭而至之變象，都可以爲一種最良好之敎育．也可稱爲教育的最好的時間空間之背景．都會的兒童沒有這個好背景，所以就缺乏那穩健的心理和技巧．不能像鄉間兒童能順適現在之狀況，企達永久之目的．

現在都市的生活是緊張的，震動的，強刺激性的．他的大弊病就是使兒童墮落，膚淺．都市裏學校的責任應該輔助家庭，抵抗這個惡勢力，恢復固有的自然的狀況．所以近來學校內設花園使兒童種花木蔬菜，或敎員率領學生出郊外遊行採集標本．

現在學校裏的科目極多．每一小時輒更換一科．科目屢有更換，又不相聯絡，使學生不能專心致志，卽使有得也都是些膚淺的知識．現在教科的趨勢，是把許多種科目都聯絡起來，以一科爲中心．杜威以前在美國市加谷所辦的試驗學校，曾做過這種試驗，很有效驗的．例如以棉花爲一中心問題，凡是棉花的生長，歷史，製造的手續，如彈棉，紡紗，織布等都可繼續教授．同時並可使學生習爲種植，製造等事項．此外關於棉花的還有地理上的分配，歷史，言語，及算學等也都可教授．這就是以棉花爲中心問題．教授植物，製造，地理，歷史，言語，算學等科目．把所有的科目聯絡一貫，一方使生徒有深厚的注意力，一方使他得廣深的知識．現在美國米蘇利大學的教育科，克侖比亞大學的教育科和格利學校已經都採用這種教授法．

學校之外，家庭內也可以獎勵學生努力和思想之聯貫．有許多爲父母的可以在家庭內訓練兒童這個美德．但是爲父母的常不知怎樣訓練．所以學校裏可以獎勵家庭花園，家庭手工，女生治家的練習等，做爲課業之一部分．家庭與學校兩方面之勢力聯合起來，一齊發生效力，兒童受益必然很大．足可以矯正他們的膚淺浮躁等惡習氣．

三．現代家庭漸趨於分崩離散之勢，有妨兒童道德的發展．向來西洋的教會學校都重在道德教育．近來學校反對教會式的道德，不用聖經做道德教科書．但是對於兒童道德的發展不甚注意．道德不是讀修身教科書所造就的．近來兒童心理，青春期心理，和社會對於兒童心理及結黨的精神深有研究，供給吾人許多關於兒童的知識明白他們道德上的缺點及需要．現在學校應該設種種方法，激發和氣，真實，忠誠遜讓，公平等美德．這些道德與社會有大關係，不能只諉之於家庭之父兄．學校應該與社會各機關聯合，擔任他所應負的責任．

四．現代家庭對於兒童最缺乏職業上的訓練．家庭既然沒有發展技巧的機會，更沒有發展職業的技能的機會．現在從國家方面觀察各國工業發達，都要靠著有技能的勞働者．從個人方面親察，人的價值在發展他的天生的能力，成就合羣的人，也就是勞働者有技能的勞働者又須受有職業教育．例如德意志的職業教育最爲發達．所以他的工業也最發達，有長足的進步．英美日本和大陸諸國近年也都注意職業教育．所謂職業教育不只是手工還有商業．巧工巧商是互相輔佐的．職業教育在家庭裏不能設備．公司有專爲自已造就專門人材設職業學校或補習班的．例如上海之商務印書館，北京之財政部印刷局，美國的奇異電氣公司，都是這一類．但是這種職業教育是特別的，有限的，並且教員的程度不見得好，眼光不見得高．私人所設職業學校，常以獲利爲目的，是不可靠的．所以現在公立的學校應該擔負這個責任．將學科固有的性質改變，造就生徒職業上的技能，以解決職業教育的問題．

家族和家庭生活的改變，要學校的救濟．家族本來的統一是經濟的，現在已變爲精神的．因爲社會各方面的發展日趨於複雜，家族固有的職能，都漸漸的失去，讓其他的機關行使他的職能．宗教的職能，家族已漸失去，也沒有補助的機關．政治的職業，全由政府取去．教育的職能，特以職業教育，此後皆須由學校主持．預備青年一生高尚之生活．家族並不是把所有的責任都卸脫淨盡．但是現代的家族．須有各種機關的指導輔助．這是學校發展的新方面．學校對於幼年的教育責任也就擴大．此後教員不特做兒童的先生，並且做兒童的父母的顧問或指導者．學校與家庭應該互相了解，通力合作．

現在爲父母的並不是不注意教養他們的子女，但是他們最苦的，就是處現在複雜的環境之內，每日精神又都貫在自己的職業上，沒有工夫也沒有知識，去管顧他的子弟。他們不得不依賴學校教育子弟。所以爲父母的，不應該盲目的依賴學校。應該明白現代學校的性質如何，補助他的事業。爲教員的更應該研究生徒的家庭環境。所有的功課，按着生徒的情形規定，並且指導扶助他的將來。爲父母的和爲教員的應該組織公會。此外如爲父母的倶樂部，運動會音樂會美術展覽會，也都是使家庭學校兩方面互相了解。又如學校定期開放，縱人觀覽，或設職業顧問之教員，或派遣看護婦視察家庭之衞生狀況，都是極好的辦法。總之，教員當供給爲父母者以兒童心理學，社會學等寬廣的見解。教員須從爲父母的得到關於各兒童特別的氣質，稟性的知識。二者是相輔相依的。

家庭與學校不只要相輔相依，更要共同協力。兒童在家中的課業，學校也應該承認。爲父母的將兒童在家中所做的課業有教育的價値的，報告學校，學校也將兒童在校內的成績報告家庭。兩者消息相通，可以了解相互的缺點。如此，則家庭與學校不至隔閡，溝通一氣，共同從事於兒童的教育。

美國漢納斯（Hanus）教授論學校與家庭的關係：

『教育兒童的責任不能使學校完全擔任。各家庭與社會當與學校共同擔負。但是學校仍然應該負最大部分的責任，因爲學校是社會委託教育的機關，而家庭與社會其他機關又各有職能。學校的任務就是將社會對於教育不明顯的欲望組成一定的目的，然後尋出方法，組織成系統，行那些方法達到那個目的。但是要使學校可以真盡他本來的職能，學校定要有家庭和社會的協助。』

（一個新的學校，一四九，一五〇頁）

第九章　遊戲與教育

遊戲的團體是各處都有的。差不多和家族一樣普遍，無論在野蠻或文明民族都有遊戲團體的組織。無論什麼年齡的人沒有不做遊戲的。不過老年人的遊戲沒有少年和兒童的那樣多，也沒有兒童那樣好玩。遊戲與勞働兩樣，人類是缺一不可的。終日勞働沒有一點遊戲，在實際生活上是不可能的。兒童在極小的時候就開始從事遊戲.他的遊戲的本能在最早的時候就發展起來.他對於遊戲異常熱心.兒童時代的生活簡直可以說是遊戲生活,他的職業也是遊戲職業.等到兒童長成了大人,擔負成人的事業,總把遊戲生活減少.但是遊戲仍然是占人生的重要部分.

向來人對於遊戲的態度不一樣,所以遊戲在人生上的情形,在各種人,在各時代也自然不同.一派的人怕遊戲,以爲遊戲是危險的,有害的,應該箝制的.這純然是一種消極的態度,把人類的感情的或本能的活動完全束縛住,不許自然發展.以先歐洲宗教家所主張的禁慾主義,就是這種拂逆人情拘束天性的主張.普通的演劇不許觀看.打球,旅行,和各種普通的遊戲到了安息日都是絕對的不許的.中國的家庭不許兒童遊戲是怕危險傷害肢體.所以因爲遊戲偶然發生弊端,就把遊戲上所有的好處都全失去,兒童自然的本能都不能發展,真所謂「因噎廢食」.一派人對於遊戲是冷淡的.他們以爲遊戲是自然的,無害的,但是也沒有什麼用處,所以兒童的遊戲,教育者不必注意,也不必干涉.向來這個觀念最爲普通.即如東方孔孟兩大聖人,對於遊戲一端,向來沒有發過議論.孔子只說『志於道,據於德,依於仁,遊於藝.』所謂遊於藝大概與我們現在遊戲相同.（朱熹註解說游是玩物適情藝是禮樂之文,射御書數之法.）不過孔子還批評那飽食終日無所用心的,還不如那專從事博弈的.總之東方的教育家,對於遊戲向來是取冷淡的態度.另一派的人以爲遊戲是應該獎勵,並且應該規定指導,使他能達有用的目的.他們承認遊戲是根本的,於人類完滿的適當的發展,是切要的,這是正確的見解.

遊戲的觀念有四種.一種學說就是把遊戲看做人類有餘的溢出的精神.這名叫餘力說（Surplus energy theory）德國詩人希洛爾最先創出這個說,以後英國斯賓塞更用科學發揮這個道理.餘力說以爲高等動物的身體,異常發展,各有專職,但是他的各種行爲不能用盡他的全力.他所不用的器官,存儲若干的餘力,因爲不能用盡,當然流溢到旁的方面去活動.這種活動就常是遊戲.這些種動物,是由有力器官經過新活動線(Motor and psychic lines)自然的流露,可以使以先用盡的能力恢復前狀.所以幼年人從事各種遊戲,是一種自然的活動,表面上看起來似廢盡氣力,而事實上是蓄養精力.

第二種見解就是瑞士的學者格魯司（Karl Groos）的學說．格魯司在他所著的『動物的遊戲』和『人的遊戲』兩本書上發揮他的道理最詳盡．他的學說可稱爲『實習說』（Practice theory）這個學說的大意是把遊戲看做人的本能的或遺傳的衝動的結果．兒童是發展的時期，他固有的本能一定要滿足的，但是因爲兒童身體的力量不充足，本能和習慣的活動未成熟，經驗缺乏，所以他滿足本能的方法能力，都是不完備的．本能的不完備的發表就是兒童的遊戲，遊戲實習各種職能，預備人生的要求．例如小貓見了滾着的球或動轉的樹葉就去捉取．他的行爲雖然是爲遊戲，實在却是爲訓練將來捉小鼠的能力．小狗做跳躍馳逐，假裝着咬的遊戲，實在也是訓練將來防禦攻擊之術．動物遊戲最多，最好的就是可以發展他所需要的能力，並且可以適應到了最好的程度，兒童的遊戲也是一樣．都是發展他所需要的能力．如女子的遊戲如養育布製的娃子，煑茶做飯，也都是預備將來做母親治家等活動．男子的遊戲如做迷藏，吵鬧，團體的遊戲，結黨羽，都是一種訓練，與他們將來職業工業的競爭相脗合．格魯司論到遊戲的生物上的意味，以爲人類所以有幼年的緣故，爲的是遊戲.『動物不是因爲年幼所以纔遊戲,實在是因爲必須遊戲所以纔有幼年.』至於兒童不厭倦遊戲的原故有兩種條件(一)因本能的壓迫不能不表現,他不感生活上的壓迫所以不理會遊戲與實際活動的區別.(二)兒童的想像力造出一個想像的世界,所以沒有失望或厭倦的意思.

第三種見解就是美國霍爾(G. Stanley Hall)的複演說(Recapitulation theory).生物學上本有複演說,凡最高的生物自發生至成熟都經過以先生物發達的次第.霍爾用這個學說解釋遊戲.以爲兒童的遊戲不過是演習種族過去的活動.這種的演習實在於教育上有價值.都是操練身心的方法.在現在文明時代用遊戲的方法操練身心,實在是有大功用的.

第四種見解把遊戲看做消遣.可名消遣說(Recreation theory)人每天做事異常勞苦藉着遊戲可以舒解.與此相類的見解說人是好動的動物,最惡怠惰.所以不做事的時候,用遊戲占據他的身心.

以上所述以格魯司的心理學說爲最根本的.後來麥獨孤(McDongall),德列瓦爾(Drever)對於他的學說都加以修正。麥獨孤說，遊戲的動機還有奮鬪好强的精神。他所指出的證據就是許多好遊戲的民族，也就都是能奮鬪好勝的民族。德列瓦爾說遊戲與其他作業不同。遊戲的活動是爲自身的活動，不求以外的結果的。但是無論如何，各種見解都是承認遊戲的本能，並且都承認遊戲是重要的活動，有教育價值。無論是在家庭，在學校，在社會，都不可廢棄的。

遊戲有身體上，知識上，社會上的價值。適當的遊戲，發展身體的機能，强健身體兒童遊戲的時候有各種的活動，運用他的筋肉的力量，支配他的筋肉的活動。最初運動的時候，運用力量之技巧。等到練習熟了。有了進步，纔可以聯絡他的努力，操縱他的筋肉。所以兒童的遊戲由蠢笨的，費力的，失敗的活動變成靈巧的，有力的，美觀的，有聯絡的。我們看兒童的遊泳，打球，競走，等遊戲可以看出來的。身體的靈敏於人的事業有大關係的。例如外科醫生的精巧的手術，機械家的神經，演說家優雅的態度，都是要從幼小的時候練習的。筋肉神經和器官的調和的動作都可以在運動場中得到。以先雅典，斯巴達的教育自六歲至十六歲的兒童所受的教育，大部分都是有組織有監視的遊戲．及至成人以後，遊戲還是占生活的重要部分．希拉人的愛自由，社會化的性質，可以說是遊戲教育所產出的結果．歷來的貴族教育也是注重遊戲，如中世的武士，所受的教育．德意志貴族在騎士學院（Ritterakademien）所受的教育，都是如此．所以英國威林頓將軍曾說，滑鐵盧之戰，是英國人在球場上練習得來的．

遊戲的知識的價值，更爲顯明．凡是遊戲都可以使感官和知識銳敏．遊戲的時候知識，判斷，決斷，都要敏捷．遊戲刺激知識的生命，並且供有用的經驗的機會．模做，想像，活氣，心理的靈敏，都是由遊戲訓練．遊戲應用各種知識的活動，發展支配，操縱的能力，這都是教育上的價值．等到一種遊戲已經練熟，就更求精進，也是求進的意思．

遊戲在社會上的價值最大．兒童在家庭裏得到社會的識覺．在遊戲團體裏那社會的識覺得到更健全的刺激，發展更快．假使兒童獨自遊戲，他就與玩具做遊戲的朋友，同他想像的伴侶談話．遊戲的時候，發生競爭心，使他勝過障礙，勝過敵手．遇見失敗檢束他的脾氣，對於戰勝者，猶不失尊敬之心．總之遊戲裏頭，使人發展互助，自動，實用，忍耐，勇氣，快樂，好脾氣．遊戲並含有科學與藝術．在人的生活裏，可以修練意志與自我制裁的方面之多，效能之深，影響之大，沒有趕得上遊戲的．人大概都是惡工作，喜遊戲．故對於遊戲沒有不興致勃發，用盡十二分力量的．競爭激烈的時候，遊戲的人寧可以斷烟，減食，多眠，經種種練習，冒艱難險阻，務達到成功，這都是運動家的好精神．

遊戲不止修練人的意志和自我制裁，並且還發展公正忠實的精神．凡是一種遊戲都有一定的規則．大家都須遵守．這是最公道的辦法．所有的規則都不應該違背或破壞．因爲假使有破壞或違背的，那就是擾亂大家的遊戲．遊戲的規則固然是前人造的，但都是用公共的意思採用，公共遵守，所以有民治的精神．無論什麼人，入了遊戲團體，就不敢任意行爲．妨害公衆的遊戲．

遊戲的時候大家在一個公共的目的．各人的個性，都彷彿是融化在這公共的目的之內．人的急公好義忘了小己的精神，在遊戲的時候顯出來的最利害．因爲急公好義所以對於團體的忠心，始終不懈直至遊戲爲止．忘了小己，所以寧可冒險阻，傷肢體，犧牲種種，都是謀團體的利害．結團體列隊伍的遊戲，不只擴充遊戲者的識覺，由個人的識覺擴充到團體的識覺，並且因爲協助，合作的關係使團體的利害與個人的利害相同一．據說英美國民的精神都是由遊戲造就出來的．不慣團體遊戲的人沒有發展上述各種的精神．一方面就是發展極端的個人主義，一方面就是沒有互助的能力，結果就是受專制者的統制．所以遊戲是最好的社會組織上的訓練．

兒童遊戲時代十歲至十六歲之間有一種結黨的精神(Gang spirit)．兒童的結黨的目的都是爲遊戲，冒險，遊泳，搖船，捉迷藏等事．還有許多壞事如偷竊爭鬬等也是兒童結黨所常作的．他們常有一定會合的地方，如某街之角，某樹林之內，或某空廟之內．普通兒童結黨的人數，自五人至十五人不等．沒有階級種族的差別．結黨有組織極完善，規則極嚴整的．忠實，勇敢，公正，不自利，都是結黨的美德．大概結黨最光明正大的或上等社會子弟所組織的，他的生命常是暫時不久．結黨越祕密的越腐敗的生命越長久不易消滅．(日本新聞紙上所稱『惡少年連』或『惡少年』卽此種結黨）兒童結黨是社會上一種重要現象．在大都會裏更爲發達．他們的結合絕不是偶然的，必然有年齡上，志趣上，利益上，種種相類似之點，乃組織成的．他們有團結的精神，有公共的目的，所以他們自成爲一種小社會．歐洲都會上幼年犯罪多是幼年結黨的成績．假使成人能夠理會兒童結黨的精神，因勢利導，也可以發展他的忠實勇敢的精神．美國的 William R. George 就是利用兒童冒險結黨的精神，組織那有名的喬治幼年共和國（George Junior Republic）．

上邊說人的勞働與遊戲是缺一不可的．但是二者的區別也不容易決定，如按德列瓦爾的說法，遊戲除了教育的影響之外，自身沒有特別的功用．遊戲自身就是好玩有趣．勞働的活動自身雖然不必有趣好玩，但是別有目的，別有功用．這是勞働與遊戲的大區別．但是仔細看起來，這個區別並不十分嚴密．因爲有好勞働的人竟耽心於其所勞働之事，樂之不疲，把勞働當做遊戲．例如美術家從事彫刻，常拿勞働自身當做目的，把勞働以外製造美術品的目的忘了．所以勞働與遊戲本沒有嚴格的界限．我們希望將來世上使那苦痛的，費氣力而無趣味的勞働，用機械代替，漸漸減少．使各種勞働都帶着遊戲的趣味．現在的勞働就是沒有趣味的也不得不做．無論情形如何，因爲別有目的所以不能不做．遊戲都不是如此．所以勞働大概是成人的本業，遊戲是本業以外的副業．成人的遊戲與幼年的遊戲有不同的地方．兒童的遊戲教育的功用最大．成年以後的人身體心理已經發展，又因爲生活上的壓迫都須注重各人的本業．所以他的遊戲教育的功用減少，或專爲消遣，性質也就沒有以先那樣的激烈．美術，文學，音樂，戲劇，社交等都是成年人的消遣．但是完全沒有筋肉上的活動，失去身體上的靈敏，也是不可以的．所以成人除了不用筋肉的活動的消遣之外，也須有活動筋肉的遊戲．向來最靈巧的工人，也必是最好遊戲的．除了遊戲還有文化的副業，做爲消遣，也是工人所最不可缺的．真正的消遣就是對於正業以外的一種副業，完全殫心竭慮．所以現在的學校，除了教授職業的教科以外，更須獎勵遊戲．遊戲之外，更須教授他對於音樂，美術，戲劇，文學，社交等高尚的趣味．

遊戲是幼年最重要的課業．所以最先家庭裏要設備遊戲的機會．其次學校裏應該設廣大的遊戲場，和監督遊戲的教員．再其次社會上應該設公共的遊戲場，使好遊戲的人都有舒展遊戲的衝動的機會．但是現在都市上的家庭都是因聚於極小的地方絕不能爲兒童預備出合於衞生合於教育的運動場．現在都市上的兒童都是在街角上，陋巷內或僻靜的空場．遊戲既不合於衞生，又沒有人教育，所以是極容易鼓勵幼年的祕密結黨，使遊戲的衝動發展的不合正軌．所以現在學校的特別責任就是補家庭之所不能．誘導兒童使發展遊戲的精神．這是學校的極好機會，萬不可錯過的．遊戲的功用上邊已經說過的．訓練人的道德的習慣，磨鍊人的意志，可以稱爲教育上最有價值的方法．所以學校獎勵合法的遊戲，就是輔助教育的進步．遊戲是屬於敎科中的一部分，與其他課業皆相關聯，所以遊戲須有學校專人指導．遊戲雖然與普通的上課不同，但是教授上也是有次序，有方法不可輕忽的．任兒童自己遊戲，是最危險的．但是假使干涉過度或乏同情或妨害兒童的自發力，也是有大害的．

遊戲場的設備組織當注意之點有四項．

一．純粹爲遊戲的設備．最要者地勢須寬大，容納各種遊戲．凡學校都應該有廣大的遊戲場每日開放，即在放假期間或星期日，也以開放爲宜．各種器械如筐球架，足球門，賽跑打球的設備，跳躍用的器械等皆須設備．可以移動的器械如球拍球網等最好是由兒童自身預備．不能移動的器械可使手工科學生製造之．

二．遊戲的導師．遊戲教員應受教育與其他學科之教員程度相若．普通觀念以爲教遊戲的教員不必有深廣的學識．是乃大誤．遊戲教員應該長於各種遊戲，愛好遊戲，明白兒童的性質，並且有組織的能力．遊戲是一種新科目，沒有現成的教授資料，也沒有教授上傳來的慣習，所以事前的預備更爲重要．教員應該知道何種遊戲可以成功．指導生徒遊戲，應該有一定的目的，並且熱心他的本業．

三．遊戲當與其他學科相聯絡．遊戲可以鼓舞人的努力．肯努力游戲的兒童於身體疲倦時應該與以相當的課業．大概努力遊戲的兒童，假使對於所學的功課發生趣味也就肯努力．天氣不晴爽，兒童不能遊戲，他的功課也就不好．凡做教員的都看出這個現象．兒童得了暢快的遊戲，他的心思精神．都分外活潑精密，這個在訓練上，或解釋算學問題，或探求歷史的精義，或獲得文學的趣味上，都可以顯出來的．又遊戲的價值也可見於教授上．地理，言語，衛生等科目可以用遊戲的方法教授，則兒童學習時更有趣味．好習諸科也若好習遊戲一般．幼稚園的課業向來是根本於遊戲的精神．初等小學仍與遊戲相近．至高等小學纔漸漸學習必要的功課．如是則兒童不特不視學校爲畏途，反對於他所學的功課增加趣味，也就於他有效力．

四，學校的遊戲當與家庭和街上的遊戲相聯絡．工場管理員不只注意工人在工場內的作業，並且要注意工場外的生活．銀行長不只稽察他的行員在銀行內的做事，並且須考察他在銀行外的行爲．所以教員也不只考察兒童在校內的功課，更須調查他在校外的活動．歐洲工場商店常有費大宗款項專爲他們的工人或店員消遣娛樂的設備．因爲一個人做事的勤惰笨巧和精神的多少，全靠着他的日常生活和正業以外的遊戲消遣．所以工場商店常不惜巨貲費在他們的工人店員的遊戲消遣上，保存他們有十分的效能．學校爲保存兒童在校內的效能，也應該注意兒童在家庭或在公共遊戲場上的遊戲．與惡劣兒童結黨的生徒，到了晚間還不回家休息，等到第二天在學校裏當然沒有學習的能力．女子在家裏勞働過度，或在外邊

力協會社，庭家與該應員教以所，生學好個一是不然當的多過酬應際交博賭戲看

法方的遣消戲遊童兒頓整

學校所設的遊戲娛樂，不可與兒童校外的生活程度相去太遠．兒童所受的教育如與其環境不相調和，則不能使其領會發生趣味，記憶於心．兒童在學校的遊戲也須與其家庭及街上的遊戲相擬．對於稍長之兒童大可利用其結黨的精神任生徒等自然的結合推選領袖．學校的教員不必强加干涉．惟結黨中定有互相傾軋之事．教員當出爲裁判曲直．對於不合法之結黨稍加取締．總之校內遊戲場設備周密生徒得滿足遊戲的衝動，他的遊戲冒險之精神也就不至竄入歧途了．

近年來童子軍之組織，自英國產源地漸擴充到全球各國．有一班人非難童子軍，爲軍國民教育灌輸幼童之軍國民思想，鼓勵狂妄之愛國心．童子軍的目的如何，我們現在不必具論，但是只就其組織看來，確是一種好遊戲．例如童子軍的偵察隊，就純然是兒童的結黨．有組織，有監督，發揮忠實合作，服從名譽協助，種種高尚之精神．兒童有了正當的機會發展遊戲的本能，更能藉着那個機會將本能的活動都貫

注在上述諸種高尚的目的上，可稱爲最好的教育．幼年犯罪者除去極少數無可挽救者外，大概是由於沒有那正當的機會發展他們的本能，所以他的本能發展到卑汚苟賤的事業上去．總之，人類本來無所謂善惡，而特以幼年心理狀態正在發展之時代，他的行爲全靠發展之情勢．情勢不當，例如與陷入爲非做歹的兒童結黨，就可成爲幼年犯罪者．所以童子軍可以利用發展兒童結黨的精神．

歐美各國的宗敎團體，地方團體，慈善團體，近年來頗努力擴張公共遊戲場．這些機關學校都應該設法與之聯絡．把各團體的勢力聯合起來就可以多所設備，不發生重複衝突．提高遊戲的趣味並且研究最良善的方法．美國各都市設公共遊戲場的經驗頗可注意．例如皮茲堡 Pittsburgh 的地方本來沒有遊戲場，兒童勞働漫無限制．他們的遊戲都是非法的結黨擾亂居民的治安．及遊戲場公會成立廣設遊戲場於全市，社會上頓見改良．遊戲之外更設手工，音樂，美術，舞蹈，有節奏的運動諸科，更爲女子設割烹家政諸科．此後兒童勞働大減．以先兒童勞働是因爲兒童沒有適當的遊戲胡鬧非爲，家中長者被擾不堪，乃送之工場．今則兒童有正當的遊戲或職業的訓練，氣習大改，家中長者也不迫之入工場了。又如支加谷自從設遊戲場後，兒童犯罪之數也大減。而缺乏遊戲場之區域，仍爲兒童犯罪最盛之區。觀美國之經驗，兒童的罪惡，並非天然的罪惡，實在是因爲沒有正當的軌道可循，遂至發展至不正當的反對社會的方面。從此看來，遊戲的功用是教育家所要十分注意的。

第十章　鄰里與教育

鄰里（Neighbourhood）的界說很難定，但是爲向來重要的社會組織，各民族都有的。原民的部落，現在的村落，都可叫做鄰里。鄰里的觀念，近來因爲物質界的進化已經改變。但是鄰里的勢力仍然是很大的。近代交通方便，鄰里不只限於一隅。常有相隔幾百里或幾千里而不斷有個人相互的接觸。此外如電信和長距離的電話，都是擴充鄰里的範圍的。現代的鄰里鄉黨誠然是沒有以先各種交通未發達時代的那樣團結。但是團結力雖然減少，而範圍却是擴充。鄰里的勢力並不見得減少。不過我們藉着現在交通的利器，可以選擇我們的鄰里。現在的鄰里不受自然的限制。

最初的鄰里就是小的部落。部落以先的人羣成何情狀，我們只可懸想是與一般成羣動物相似的羣衆．但是還沒有發見具體的事實做證據．部落的組織也有簡單複雜的不同．等到部落膨脹，有了複雜的組織，成了大的部落，或國家，各部分仍然成地方的小團體．各自成爲鄰里．各民族的村落，法國的 Commune，日耳曼及盎格魯薩遜的村落社會，俄國的 Mir，都是鄰里的各種形相．這些種地方自治的團體於社會生活上於政治上的發展都有重要的關係．先說政治．例如英國憲政的發展原因，就是因爲以先村落社會的自治制度．俄國的政治以先雖然是極端的專制，但是他的農民自治的生活，不受損害，不受動搖，政治上的變遷沒有什麽深遠的影響於人民．俄羅斯人民的真生命都在他們的農民自治生活裏頭．又如美國的先代的新英蘭的鄉會（Town meeting）也是有大影響於後來的政治制度．瑞士小州的大集會，也不過是鄰里集會的較爲擴大的．他們政治活動的精神異常發達．總之，今日政治雖然是成大國家的組織，權力都聚集在中央，但是各地方的政治中心依然是重要的．沒有地方的政治，中央的政治也就不能發達．一國政治的良否，大部分要靠着各地方的政治組織有民治的監督，有自由的討論．

鄰里的重要不專限於政治一方面．經濟，社會，教育，宗教，美術，也都靠着鄰里的活動纔能發達．例如經濟的活動，方法，習慣，理想，向來都是由一個小地方團體創出以後，因爲同外邊的接觸，或是訪問，或是觀察，或是討論，纔改變或傳播出去．接觸稀少的地方所用的耕種方法與耕種器械，常沿襲舊制，長久不變．雖然旁的地方已經發見了更經濟，更有效驗的方法器械，但是鄉僻的小社會團體常安於故常不肯採用．政府設農事試驗場，研究耕種牧畜的方法，就是爲改革各地方的農業，發展各地方的互助事業．但是政府的力量不過是鼓吹指導，至於眞正的進步，還要靠着先進的鄉里做榜樣．丹麥在近幾十年來，對於各地方中心所謀的發展是極有成績．他的農村小團體是極可取法．丹麥的經濟，可以說是專靠着那些小農村的活動，所以鄉里的經濟生活十分發達．維持獎進一國經濟的發展，全靠着鄉里．近來法國有經濟聯邦（Fédéralisme économique）的運動也是承認地方的重要的．

鄰里在社會一方面也是重要的．個人的理想行爲最先表現在家庭和鄰里裏．家庭和遊戲場裏發生的理想，擴張起來，也是先到鄉里裏．鄉里的風俗，制度，禮儀，等等對於個人有絕大的威權．雖然在一個複雜的社會裏，鄉里的威權仍然不常減少．例如現在在北方或內地的都會裏的人，還有不肯剪髮辮的，就是因爲與鄉里的習慣不合的原故．一地方的方言，文學的體裁，都是從鄉里發生，保存鄉里的精神．例如桐城派的文學就是用鄉里的名字代表一種文體．中國學者與畫家的派別也常可以用地方名目表示．此外工商業也常是用地方表出．如寧綢，杭緞，川冬菜之類，都可證明地方的經濟活動是重要的．又衣服的樣式，稱呼，美術，音樂，建築的形式，宗教崇拜的慣習，都是地方團體生活的產物．就是現在發達複雜的大都會裏這些特殊的情形仍然是保存的．

以上所說地方不同的情形．一方面保存固有的文化使綿延不絕．另一方面卽是太偏於保守主義．地方的保守精神，常防止急遽的變更，但也常是新思想新改革的障礙．我們對於地方的情勢，常忽略．當開始改革或提倡新法的時候，就發生困難．假使我們於推行改革之先，先研究地方情形，斟酌地方的特別情形，因勢利導，那改革就易如順水推舟．所有的改革大概都是先由一個團體內發軔，然後纔推廣普及．

團體的精神雖然向來是偏於保守的，但是一切的改革也是以團體爲樞紐．所以地方團體的社會的勢力，實在是不可藐視的．

從宗教方面也可以察知地方團體的精神．野蠻的宗教本來純粹是地方的宗教．家族或部落的宗教都是取一種動物或植物做圖騰．較進步的民族崇拜精靈或多神也造出許多的儀式．但是宗教的形式，雖然有多種，但是不過都是些部落的地方的宗教．後來種族由戰爭或同盟擴大範圍，各種族的宗教信仰也就發生衝突．於是就衝突之中，顯出調和之點，成了一種新的宗教．宗教範圍擴大．及至種族進化組成國家，各種不同的宗教相並立．或是一種宗教占國教的地位，而其他宗教都稱爲異教．這個時候宗教仍然不能成統一的形式．因爲不同的理想，不同的社會的物質的環境，一定產出不同的宗教的派別來．例如歐美盛行的基督教是普遍的，但是其中有無數的宗派．各宗派的勢力常集聚在一定的區域．東方的佛教除了大乘，小乘，的區別以外，更有許多的宗派．這些宗派的分歧，在表面看起來好似衰微分崩的現象．但是實在因地方情形和過去情形的不同發生變化．正是宗教擴張的勢力．地方團體的精神可以影響宗教，改變宗教，從此可以看出.

學校與地方團體的關係，較以上所說的宗教更爲密切.學校不是一種階級專有的，是人民全體的學校.所以學校應該謀全體的利益.社會各方面的進步都靠着學校的.家族和遊戲的團體都是個人的組織.學校是社會的團體的組織.所以學校應該以社會的目的爲目的.家庭多少可以照顧兒童個人的發展，學校卽應該照顧兒童的社會方面的發展.學校的課目應該教兒童爲社會上，政治上，經濟上，各種的義務.學校是地方上辦的，由地方供給經費教育地方的兒童.所以他的設備也自然以地方需要的情形爲基礎.

論到保存教育的效能，學校與地方的關係，是更不可忽略的.向來的村落的學校一切課程規則，都按照都會的學校，與村落的生活不相適合，是最不通的.又如都會中的貧窮的兒童所受的教育，也是與他父母的職業，家庭，信仰，理想，毫不相融洽.例如高等小學設有英語一科，貧窮的兒童學了那半通不通的英文，有什麼用處.小學校所設的科目於兒童父母的職業沒有輔助.小學畢業生反意氣自得，不肯做手工或勞働的事.所以有許多人現在不信任學校,寧可使他們在店舖裏或學生意,或跟着師傅學手藝.有一般人依然送子弟入學校是因爲入學校是體面的事.現在學校與地方團體的精神不相融洽,結果就是效能低減.

一,學校的制度與地方政治是相連的.近來的人都注意中央政治,以爲中央政府一旦改良,全國也就立刻可以整頓.這個見解是忘記地方政治的重要.於我們的生命最切要的,是我們的衛生治安,街道,自來水,電燈,煤氣,街市,交通,教育諸種事業.我們一時不能離開衛生治安.天天要利用街市交通.這些事務都是地方政府自舉辦的.我們的日常生活,都靠着這些地方公益事項舉辦的若何.學校裏應該教育兒童,使他們知道地方政治與他們關係的切要,和地方上的公益他們有舉辦的責任.地方政治有了明白地方情形和需要的人主持,不特是地方政治可以肅清,並且可以爲全國政治的中堅.地方自治發達的地方,中央政府不敢濫爲干涉,不敢取爲魚肉.

二,地方的經濟比地方政治更爲緊要.工商業的發達完全是地方團體的發達.

那地方團體的發達是靠着地方的物產，氣候，水利，製造，交通，的．所以工商業本是地方上的事情．至於個人所執之業大概是在幼時定的．幼時習見習聞的事，長大的時候便去做爲終身的事業．所以兒童常做他的父親或鄰舍親戚的長輩所操的職業．一則因爲幼時耳濡目染，不注意旁的職業或發生趣味，後來也就有模倣的野心．一則與父兄長者同操一業，卽有指導，有提攜，後來容易有進步．農人之子常爲農人，商人之子常爲商人．就是這個道理．假使農人之子不去學農去學做醫生，他就要犧牲他的環境的益處．所有他父親的經驗技能，他都不能獲到．所以世襲職業是最方便最容易的．改換職業是困難的．兒童選擇新職業的時候，是失去他的家裏或地方團體所傳來的習慣知識經驗，家人親戚朋友的協助，孑然一身入一個新世界似的．所以教育應該與地方團體的情形相合是最經濟最合理的．但是假使兒童有特別的嗜好或特別的材能，不必因襲鄉里的故轍也可選擇新職業．人的智愚，趣向，程度不齊．不必都要追隨先人的職業．但是大部分的人爲中材，他們的教育還是因地方的情形爲轉移．因地方的情形而設教科，並不是承認世襲制度，是爲大多數的兒童正當辦法．那少數奇材異能的兒童，仍然是可以自由發展的．

近代工業是地方分工的工業．所以各地方有特別著名的出產或製造．地方工業所以著名的緣故，除了自然的要素，如物產氣候之外，就是工人的能力．因爲兒童從幼時就有直接或間接學習的機會．等到長成就是良好的職工．例如江西的磁器，福建的漆器，金華的火腿，紹興的黃酒，外國如波斯的絨毯，瑞士的鐘表，荷蘭的鑽石切工，都是地方的有名工業．這些工業有歷史的環境的優異之點．智識一代一代的積蓄成了現在的科學．技術工業也是一代一代的積蓄纔成了現在各地方發展的工業．這些工業都是由特別歷史特別環境產生出來的．所以現在社會欲謀發展工業，首先須教育有效能的勞働者．使有技能的勞働者利用地方上自然的產物．職業的教育應該與地方情形相適合．

三，教育更當與地方的社會生活相適合．獎勵人民的社會生活最先是發達高尙的娛樂．高尙的娛樂也是要按着地方情形預備．例如在小學校裏教貧窮的兒童照像奏洋琴都是與地方情勢不合．貧窮的兒童沒有財力購買照像器或洋琴．雖然學會了也與他們的生活狀况不相容，又有什麽好處．所以學校的責任是發展兒童的高尙的趣味，但是那趣味又須切於他們的實際生活，使鄉村兒童景慕都會生活，使普通的兒童羨慕闊人的生活，都是不對的．兒童的言語，服飾，儀容，禮節，習慣，都須適合他們的家庭，他們的身分和地方的情形．假使鄉村的兒童模擬都市的風尙習慣，不特不自然，並且因爲他們的實際生活，不能得到他們所學的，一定要產出惡影響的．這個說法，並不是要嚴畫階級的區別．所謂高等階級的生活有許多是不合理的，一般的教育絕不能强迫所有的兒童，使習學那高等階級不合理的生活．

現在的學校是社會的中心．學校的各種設備都是由公家擔負．學校的位置常在一個適中的地方．所以除了教育兒童，社會也應該利用學校做社會聚集的中心．星期日或晚間都可以開放爲社會公用．這就是學校的社會服務．社會服務可以別爲兩方面．（一）一方面就是學校與社會各機關，如家庭，遊戲的組織，職業的組織相聯絡．最容易聯絡的就是兒童的家庭．現在美國有許多地方是教員與兒童的父母聯合討論關於兒童的各種問題，互相輔助，也可以互相了解所辦的事．幼稚園或小學校，又設爲母者的集會使他們明白學校所授的科目和教育的精神並可傳授他們看護兒童的方法。此外如通俗講演夜學校夏期學校展覽會，開放遊戲場，開放學校園，職業的顧問，紹介工作，都是使學校與社會的關係日見密切。（二）一方面使學校爲社會運動的中心。凡有關社會公益的事情都可以借學校爲會所討論。教員熱心公益也可以發起各種集會，改良社會上各種弊端。在社會不進步的地方教員容易發見這個機會。又如文學的美術的講演，種植縫紉的比賽，公衆讀書室等都可以增進社會文化的程度。這些事業對於兒童教育雖然是間接的，但是他們的勢力無形中改良社會要顯大益的。

註。社會改良要從地方上入手，而社會改良的方法就是藉教育機關用在教室內，教室外的各種方法感化鄰里的人民。如美國紐約曼哈丹第四十夜學校所施的社會教育，可見學校的社會事業。

甲．教室內

一，英文（教授機械學）　二，美國文學及社會禮節風俗　三，關於公民的特設

教科

乙.半在教室內半在教室外爲發展社交

一,各班間的討論　二,學校的一般組織　三,社會的及教育的俱樂部

丙.教室外的

一,跳舞　二,講演　三,音樂會　四,服務社會.如參觀工場,家庭,各種組織及移住事業.

施行社會教育之事業有三種:一,調蔡鄰里之範圍大小,二聯合辦理社會事業之各機關,以免重複,並可通力合作.三實行一種有規則有秩序的計畫.進行上述各種事業之手續,則在報紙上,工場,俱樂部等處,廣告招募生徒.使學校兒童注明父母之名,能否讀書,遊說他們來學.與各種會合聯合,開各種集會活動影戲,音樂會等.社會教育在夜晚舉行夜學校的成績,卽利用學校之建築,融洽生徒的感情,使生徒與教員合作,增多夜學校的人數.(學校與社會雜誌,一九二〇年)

鄉村教育

現在人類住居的地方大概可分爲兩種：一種是都會．一種是鄉村．都會是工商業的中心，人口衆多，接觸繁密，社會的生活異常複雜．鄉村是農業的中心，人口稀少，接觸簡單，社會的生活沒有都會那樣複雜，自成爲同質的團結的鄉里（有時鄉村的重要職業是採鑛的，但是這只限於貴金屬的鑛業．如煤鐵等鑛業，最初開採的時候，雖然是在村落裏，日久發展一定成爲市鎭．所以鄉村的正業是農業）現在世界各國都會雖異常發達，但是鄉居的人口爲數還是不少．中國本來是農業的民族，工商業的都會除了沿江沿海的六七個地方以外，沒有發達．所以鄉居的人占大多數．那末，中國教育上最大的問題當然是鄉村教育．鄉村的內容簡單，他的教育問題，看來似容易解決．但是鄉村的人口少，財力薄，事情不容易舉辦．人民性質因爲職業上生活上的關係，接觸簡單，所以向來是保守的，守舊的，靜止的，缺乏創發力，常有一種惰力，抵抗各種改革設施．這也是應該注意的．

向來鄉村的兒童沒有什麼學校教育，他的在學日期，有只限於『冬三月』的．就是終年上學的，在春耕秋穫的時候，也須曠課，所學的也不過是百家姓，千字文，多認識幾個字，供尋常應用罷了。所以鄉村學校大概是貧窮可憐，與世不相接觸。所以常是百年如一日，沒有什麼進步。但是農村兒童的實際的教育，不是在學校是在家裏，或田地裏。耕田，鋤草，種植，收穫，煑飯，做衣，織布，編蓆，這些工作，都是由實際在家裏或田地裏見習學會了的。他的教育，不是從書本上得來，也不是從先生學來。但是他覺得他所學會的，於他的生命最真切，他學習的更為透澈，他所學得的更有應用的社會的價值。所以農村兒童是在實際生活裏得教育。他們的教育與他們生命的需要有密切的關係，不是空泛或乾燥的書本上的知識。

農村的社會生活，雖然簡陋，但是却很團結的。因爲農村根本上是同質的社會，沒有階級的分裂。但是此外農村也有團結的動機。農村團結之機動有六：（一）天災人患，（二）合羣，（三）遊戲，（四）勞働的衝動，（五）經濟的需要，（六）文化的趣味。最簡單的結合是由於上述第一種動機。例如旱魃，水災，火災，飢饉，危險，各種壓迫等常爲初民農村團結之原因。法國社會學者杜爾凱姆（Dürkheim）謂澳洲土著的農村，大概是由於以上諸端而結合的。法國勒圖諾（Letourneau）也說歐洲封建時代的農村（Commune）的結合，也是由於天災的原因。中國農村的結合也是如此。北部諸省各村，常有青苗會農村與農村之間更有結合，設聯莊會，專爲救火防水禦盜等事。他們因爲經濟上社會上相爲依賴，與外邊的接觸比較的稀少，所以自己發展一種團結的社會的精神。有無相通，患難相救助，遇着事情，共同的相扶持。一切社會的美德，在鄉村裏都有發展的機會。所以鄉間的人，大概都是守法，真實，和氣，有道德心。鄉間兒童，幼時即在這種道德的空氣裏居住，也就發展他們社會的性質，他們成了有社會的效能的個人。鄉村的社會生活的範圍固然狹隘，沒有什麼大發展，但是於他們的生活，却是很適合的。鄉村舊有的學校，大概都是鄉村上自己要設立的。學校的內容雖然不見得如何美備，或適合社會的生命，但是學校的設立，乃出諸相互的同意。他們所教授的，不過是讀書識字，關於農事技術上的知識，都在實際生活上學習。所以學校除了教授讀書識字以外，別無職務。農村學校與家庭的關係，雖然沒有什麼密切，但是學校的先生，大家都非常尊敬，遇見須書寫的事件，卽請先生代筆，所以教員與社會是相連的。

農村生活常是很艱難困苦的。時常勤勞耐苦，又缺乏娛樂交際的機會。農人的職業是須長時間的，不像近世工業制度有一定的時間。例如牲畜須不時喂食。農人須常在家，不能離家太久。冬季農業休息，天氣寒冷又不易外出。所以農村生活缺乏變化，以都會的居民看來是很苦的。自從都會生活發達以後，人民都有離開田野趨向都會的趨勢。一則因爲都會生活舒服，有娛樂的方便。一則因爲都會裏有事務做，多種的職業都可以容納，所以人民有謀生的機會。但是鄉下的人一旦到了都會，看了謀生的容易又染了都會生活的惡習慣，沈溺於各種刺激神經的娛樂，造出極端神經質的心理。所生的子女，也就沒有以先鄉下人的那樣體魄强健。住慣了都會生活的人，他的親戚朋友也是都羨慕他，轉相誘引，就都向都會上去尋生活。這個結果，就是鄉村退化。鄉村的事業物產，都陷於不發達的狀況。那末，農產食品都須仗着他方或他國的供給。假使世人都棄去鄉間的生活，移向都會，世上缺少了農產物和原料，那眞是不堪設想。況且鄉間體魄强健的人，漸漸被淘汰，減少一國國民的實力，完全讓都會占去，也實在是一個危險的現象．

從生活一方面觀察，農村有解紐的傾向．從產業的性質一方面觀察，也是可憂．農人無組織，他們的生產不能稱爲產業．他們的事業都是個人的，孤立的企業．他們受旁的產業操縱．但是因爲自己無組織，不能操縱旁的產業．杜威女士說『對於所供給的狀況，沒有組織，沒有知識，而不拘時間，永遠售賣他的生產品於遠方無所知的市場的，大概沒有像農業那樣的．』現在的工業與農業的比較，誠然是有如杜威女士所說．所以農業受他種產業的壓迫，有使農人樂於他種職業的傾向．以上係指組織而言．技術一方面，農業也是進步迂緩．科學進步雖然已經有許多年代，但是向來只應用在工業製造上．最近纔應用在農業上．科學的進步日新不已，假使不能利用或利用而不能充分，都是落於他種產業之後．這也是農業限於困窮的一個原因．

農村的性質，既若上述，此後改革鄉村的希望當以教育爲最重．但是鄉村社會既然貧困可憐，他的學校也多少反映這個現象．例如現在鄉村學校的教員，大概是都會裏的人，或是曾在都會的學校受教育，羨慕都會的生活的．他對於鄉村生活，沒有同情，對於鄉村高尙的趣味，沒有領略．大概因爲在都會裏尋不到謀生的地方，纔到農村學校去做教員．絕少抱着改革農村社會的熱心的．等到將來一旦有了機會，仍然是想回到都會去．他不過借着鄉村做個階梯，或過渡的棲息所．這種教員教授的時候，卽使極熱心奉公，也一定灌輸給兒童那羨慕都會生活的心理，使兒童立志將來入都會求生活，不安於鄉閭貧困的生活．學校的組織，須與社會的環境相融洽．鄉閭的學校應該與鄉閭生活相調和，並且應該籌畫鄉閭的需要，考察鄉閭可發展的機會，增進鄉閭的生活．更須教導兒童爲有效能的個人，不只是合於鄉村的小社會，還須合於近代的複雜生活．這個只有抱着改革農村理想的，可以造出這番大事業．

一國的繁昌要靠着鄉閭的發展．謀鄉閭的發展本來是一個經濟問題，但是從教育方面觀察也可以算做一個教育問題．農村所最需要的是人民須有高等的知識，對於農村的問題有趣味，對於農村的理想努力求實現．籌備農村裏健全的娛樂，獎進農村的生活．學校對於這些問題的解決，都可以有所貢獻．可以盡他在社會上的責任，輔助社會理想的實現．鄉間的兒童可以由學校教育他使成社會的主動的個人，可以爲社會幸福努力的個人．

鄉村的問題不只是經濟的，並且是社會的，智育的問題．要想叫鄉下人可以安居鄉村，不只是他的事業要有相當的收入，維持他的生活，他田裏所出的農產物，足充他們生活的需要，並且要使他們有社會交際，社會娛樂的機會，還要使他們有發展知識的機會．人大概都有求智的本能，在鄉村的環境，求知的本能不如在都會上容易滿足，因爲都會上有各種的設備，又有複雜的接觸，都是便於發達知識的．鄉村裏這些機會自然是沒有的．但是學校裏正可擔負這個責任，使鄉下人對於農村問題發生趣味，尊崇鄉村生活高貴的價值，認科學的農業爲高貴的職業，並不低於政客，軍人，富商，大賈的職業．等到人民不鄙棄農業，也不爲都會生活或都會上的職業所炫誘，並且農業須用高等科學的知識，那末，鄉村生活也就可興旺起來了．

考外國農村合作之發展有四階級：

（一）簡單的結合，根本於合羣的衝動，費力極少．

(二)有組織的遊戲,組織有快樂,共同的活動,如演劇,酬神等事.

(三)經濟的共同活動,不重在卽刻的快樂而重在功利的刺激及滿足.大概爲農業的事務經濟的合作.如團體的售賣,團體的購買,所有團體的生產爲經濟的合作最高級.

(四)文化的,非功利的結合,如文學,科學,美術等會.

過去五十年間的丹麥是一個良好的例.最先丹麥的農人團體是專爲社會事情.以後設唱歌會.再次因唱歌等會合乃有宗敎的,愛國的性質的會合,共同的宴樂及遊戲,再次乃爲經濟的結合,各種合作的活動,至於最複雜.結果乃有十分美滿的農村的團體生活,團結力强,互助力厚.又如杜威女士可敘述的美國米梭利州泡特學校所發展的社會事業,也是一個良好的例.(詳見女士所著的『新的學校代舊的學校』)但是這個發展除了第一階級以外,都不是自然的發展,一定要有人的努力.或者是由政府提倡(如丹麥)或者是由教員提倡(如泡特學校)但是就是政府首先提倡,也必須有教員在實際上做事.所以改造鄉村是鄉村學校教員的責任.但是教員自身當此重任所成就的也是有限．所以教員最先須與社會協力，從事整頓．真見效的教育當然是社會與學校聯合起來通力合作的成績．教員最先應該遊說各家庭，鼓舞家庭對於鄉村進步的趣味．總之，欲求鄉村的教育和社會有大進步，必然要鄉村的人民先有覺悟要求鄉村的改革．學校最初也不過居於提倡的地位．要求改革見大效，總要等鄉村人民自身的努力．這裏最先要從各家庭起首．一村裏有幾個家庭，熱心公益，注意於地方學校的改良，稍有成績可觀，卽可造出公正的輿論，贊助的精神．可以一方面鄉村學校自身先改良．一方面促進鄉村人民對於鄉村各種問題的興趣，然後鄉村纔有改造的希望．

我們考查美國鄉村改革的運動，三十五年以前（一八八五）已經在米西甘（Michigan）州的西方一個小地方發端，這個運動名叫 Hesperia Movement．最初鄉村學校的教員，組織了一個會，請學生的父母到會討論於雙方有益的問題，定期在各學校開會．農人在冬季用學校做他們集會的地方．所以他們極感謝學校．從此以後教員和家庭有了聯絡，因爲互相了解，以兩方都獲有許多益處．教育他們的兒童.這個有效的試驗,後來別處也逐漸倣行.從他們的經驗看來,鄉村改革的方法,有五方面進行.

一,利用鄉村環境的資料,改良教科.所授的科目,不可過於抽象,或與鄉村兒童實際的生活相隔太遠.鄉間的田野,樹木,溪流,禽獸,都是有趣味,有益處的問題.

二,發展生徒的社會活動.例如預備鄉間賽會出品,整頓學校庭園及建築,搜集標本,圖畫,等一類協助的事業.於生徒,於教育,於學校,於家庭,乃至於地方上,都是有功效的.

三,發展學校與家庭的同情的協助.

四,使學校爲社會的聚會場所,供演講娛樂之用.藉着開會可以灌輸知識,開拓鄉人的見解眼光.

五,使熱心鄉村生活的教員爲改革鄉村的領袖.

近年美國鄉村學校發達的又一方面,卽是聯合的鄉村學校 (Consolidatea

Rural School)將多少村適宜的單一教室學校合併起來，成立一個規模大的學校。這個利益並不是節省經費，規模擴大有時反不能節省。聯合的學校最大的利益就是(一)有較為完美的設備，如校舍，教室的建築，試驗室，手工室，運動場，演說廳，教員住宅，運送兒童的車輛等，皆可設備。(二)經費充足，設備完美，可以聘請能力較高的教員。(三)衆多的兒童有了運輸的方便，聚集在一個校舍，得發展他們對於學校的趣味，增進好學的精神。曠課的兒童因而減少。但是聯合學校也有弊病。因為合併的緣故，有許多小村都沒有學校，失了一個社會的中心。假使聯合學校不能適應地方上經濟的情形與社會的環境，規畫教科，結果變成了與都會的學校一樣，也是失去農村學校的本旨。最近美國的單一教室學校，也有重新改革的傾向。如杜威女士『新的學校代舊的學校』一書所述，就是一個單一教室學校改造的經過。(參看E. Dewey: New School for Old)

第十一章　國家與教育

現在社會最重要的組織是國家。人類的生活都在國家的疆域之內。社會上各種制度，大概多受國家勢力的限制，國家的勢力異常偉大，近來膨脹至社會的各方面。例如勞働，工業，商業，教育，在以先的時候，本來國家毫不加以干涉，現在國家立了許多法令，設了許多官吏，管理或計畫這些種事業。現在團體與團體的接觸，也是以國家的接觸爲最重要。對外代表團體的官吏，如外交官吏，卽是代表國家。總之，現在的國家是社會生活最重要的組織，我們不能逃出，不能忽略的。我們無時不與國家相接觸，也就是無時不受他的影響。但是我們不是直接與國家相接觸，是間接的藉着他的機關的人物相接觸。那個機關，就是政府或政府的官吏。

國家經過長久的時代纔成立的。人類從家族，部落，漸漸變化，成有組織鞏固的政治組織。最初的國家範圍極小，大概是一個都市，或占據海島上。例如古代希臘的國家，都是市府國家。以後市府國家合縱連橫，組成聯邦或聯盟，或市府國家膨脹組成國民的國家。現在世界上的國家都是國民的國家。他的人口增多，產業發達，也就自然的發展。國家與國家之間，不時因爲利害關係，發生衝突。國民的國家在現在當國家發展最高的程度。但是我們逆料將來，絕不能拿國民的國家做國家最高的形式.世界上的人類分住在各處,成了許多的獨立國家,乃歷史的結果.但是從人類的結合方面看起來,國家不過是一種人爲的社會制度,或人類社會中的最大最有力的政治制度.國家成立的當時,合乎社會的情形,應乎社會的需要.及至時代變遷,人類的社會關係已逐漸改變,那舊有的國家制度也就有改造的必要.例如現在世界上的經濟已成互相倚賴的狀況,世界上的學術也沒有國界可分.世界上的交通也有天下一家的形勢.但是國家間的紛爭軋轢,反倒日盛一日.在前幾年,國際間竟大起衝突.世界上的國家分列爲兩方對壘的形勢.結果是民不聊生,兩敗俱傷.一般身心強健的青年,都做了國家的犧牲.我們雖然不能由這次戰爭就斷定國家是應該被淘汰的制度,但是他的組織一定要改變.現代國民的國家承認各國家有無上的主權,絕不能適於我們人類的大同生活.近來的國際聯盟就是組織現在國家的一種方法.

國家是人羣的政治組織.他的最重要的機關就是政府.人類有社會,有組織,當然就有政府.假使人類沒有政府,就不能有共同行動的機關.但是政府的形式因爲物質狀態,生活狀態等關係歷來也是不一樣的.希臘的哲學家以先觀察希臘的市府,發見一個公例,以爲政府的變化,有一定的循環的軌道.但是政府的變化所經的軌道,不見得有一定的,更不必是循環的.原始民族的政府,大概是家長酋長或君主操有絕對的威權.但是酋長或君主不能永遠一人總攝萬機.疆土擴張,權力有不及的地方,貴族顯吏,著了勛功,難免有擁權的時候.所以君主權力勢不能不縮小,而以寡頭政治總攝威權.後來貴族加增,對於政權也想操縱,就演成貴族政治.在十九世紀之先,最善良的政府,也不過是貴族的政府.等到十八世紀末的大革命(一七八九)起,乃有中等社會政治的運動.中等社會代表新崛起的工業階級,與擁護土地利益的階級相對峙.以後中等社會藉着產業的發達,勢力膨脹,變成資本家,與擁有土地的階級攜手,壓倒無產者.及至此次歐戰以後,乃有無產階級平民的大運動.

現在政府,從權力的範圍方面,又分爲中央地方兩種,從職能的區別,可分爲立法,行政,司法三種,都是社會制裁上最重要的制度.因爲人羣的社會關係日益複雜人羣共同的事業日益增多,所以政府的範圍,也是大加擴張.以先政府的職能專限於維持治安判決爭端，以先所保護的是個人的生命權利，以後就擴張到保護財產和關於財產的權利，現在更擴張到國民衛生，教育，甚而至於婚姻生殖。政府不能只居保護者的地位，因爲保護是消極的職能，是被動的職能。政府因爲社會上的變動，要居主動的地位，盡積極的職能。

人類知識發展，他們的行爲也就漸漸有了遠見，有了目的。政府的職能，因爲人民的督促，也是由無目的無遠見的程度，進到有遠見，有目的，有積極的建設的程度。開明的進步的政府，就是有目的有計畫的，輔助人類社會的進步。歐美各國政府關於經濟，社會，有積極的政策，設種種改良各階級人民生活的立法。政府既然以人民幸福爲旗幟，更須謀有利全民的政治。例如德國自從卑士麥以後，勵行一種國家的社會主義，增進工人的幸福，實行寬厚的社會政策，經濟政策。英國爲勞働者設了許多法令，如賠償工人在工場的遇險，贍養勞働者的老年，與辦勞働者保險。美國也是自從放任時代以後，政府也解放黑人的政權及女子的選舉權，施行關於產業界的立法。政府既然在法律上承認各階級的人民是平等，又自認爲代表全體人民幸福的機關，當然要負增進人民幸福的責任．所以所有政治上，經濟上，社會上，教育上，一切改革，都要政府推行，是政府分內當然的事務．

各地方政府所興辦的事業也是不少．如道路，衛生，水道，溝渠，電車，電燈，教育，現在大概都在都市政府的手裏．這些都是都市人民公利的事業，與人民的生活關係最密切，最直接．人民要十分注意，政府要積極的籌備．

現在的人有主張不要政府的．他們承認政府是一個惡的制度．人類的不平等，世界的擾亂，都是政府造出來的罪孽．去掉政府，人人就都得有自由的發展，不受非法的束縛．無政府卽無國家，國際間的擾亂，也就可以弭止．但是所謂政府的惡劣，要分別政府組織的惡劣，和政府自身的惡劣．假使政府所造的罪孽是因爲有了政府纔產出的，我們廢去政府，人民就可以享理想上的太平．那末，政府就沒有存在的必要．假使政府所造的罪孽，是因爲政府的組織不好，所以不能爲人民謀幸福，反爲人民一部分的禍害，那末我們還是要政府，不過要把政府的組織變更．大概現在的政府都有改造的必要．無政府主義一派所爭的，不是政府的有無問題，是政府應該如何組織的問題.人類生活相共同相接觸的點太多,人類共同的機關是不能沒有的.那個共同機關是多少人的或多少地方的共同機關.所占範圍的廣狹,所行職權的大小,現在要討論商榷,再行擬定.但是無論如何,國民的國家可以不要.政府或與政府相類似的共同的制裁機關不能沒有.例如克魯巴金的社會理想,也承認小團體的組織.那個組織實在就是政府.又如英國工社社會主義派(Guild Socialism)主張一種新的國家觀念,也是承認有政府的.總之,沒有共同機關,複雜的人類生活就不可能.政府就是這個共同機關.我們所應該進行的不是取消他,是改造他的組織.

政府的起源,起於人類社會生活的需要.現在的政府已經超過被動的消極的程度.理想的政府應該是人民意志的表現.人民的社會制裁,社會指導,都應該藏在政府這個制度內.社會的諧和要由政府主持.總之,政府是人民共同生活最重要的機關,是表現人民公意的組織,是促進人民進步,推行社會理想的中心.

假使如上所述,國家是人類社會有目的有計畫的組織,教育就是國家的最主要的有目的之勢力.國家與教育的關係可以分為三層,是向來為人所注意的.第一,教育是國家行政範圍的事務，國家應該推行。第二，國家的組織，國家的性質要反映到教育上。一國裏的情形是什麼樣，那教育也是什麼樣。第三，教育是國家的基礎，因爲無論在什麼形式的國家裏，人民與執政的一定要受相當的教育的。第一是屬於教育行政的問題，第二是社會制度的影響的問題，在本書第二章已經略爲討論。現在本章只討論第三層。

希拉的柏拉圖所著的共和國本來是一部論政治的書，但是他書裏論教育的占去一大部分。阿里斯多德的政治學中論到教育的地方也很多。就中如第八卷說：

『立法者最先須注意的就是幼年的教育，忽略教育就有害於國家，這是沒有人疑惑的。市民應該按着他所生息的政府的形式受陶鑄。因爲每個政府都有特別性質。某種特性卽造成某種政府，維持那個政府。民治的性質卽產出民治。寡頭政治的性質，卽造出寡頭政治。性質愈好政府也就愈好。』（政治學卷八，第一章，第一節）

最近如美國的威爾遜總統也說過：

『謀個人自由的發展，必須保存政治的社會的自由的條件．這個一定要有平民教育．……沒有平民教育，那靠着平民活動的政府，也就不能耐久．人民須受智識的訓練，如可以辦到須更受道德的訓練，然後可以維持自由制度，不至失敗．』

東方學者也嘗論到政治與教化的關係，說政府有教民的責任．在專制時代政府的希望是造就善服從的子民，或是供給戰爭的人的原料．現在的教育要本着民治的趨向，造就宜於民治的公民，造就政治活動的人民．政治是人民共同的活動．公民應該明白共同活動的重要意味，他一己的責任與盡責任的方法．他須是一個有意識的投票者．他不祇知道服從法律，並且要可以積極的幫助制定法律，幫助推行法律．

政治的教育不是書本上學來的，要使生徒有對於政治的經驗．向來政治的腐敗，由於舞弊欺詐的行爲的少，而由於大部分人民對於政治冷淡的多．考各國的總選舉的時候，常有一大部分的人，對於選舉毫不熱心．有的是隨意投票，有的竟是放棄選舉權，不去投票.不去投票的有因爲黨見過深，知道出場投票於本黨無益，所以不肯去投的.有的因爲對於政治，完全看輕，寧可在家中享清福，不願勞動身體，去做那投票無聊的事.政治腐敗都是這般不熱心政治的人釀出來的，又如黨見過深，只看見一黨一部分的利害關係，忘却人民全體的利益也是政治上的壞現象.向來各國立憲的政府，都是政黨政治.政黨的組織是代表人民對於政策不同之意見.但是政策的意見應該包括人類全體，不可只包括社會中一二階級.所謂政黨，實際上大概都是代表階級利益的團體的中心.由人民移至政黨的領袖手裏，運用卑劣手段，擴張政黨的勢力，謀階級的而非全國民的幸福.例如英國政黨有所謂 (Party caucus)操縱全黨的計畫.美國的政治不在國會，而在『不可見的政府』(Inuisible Government) 都是政黨的暗黑面.這是政黨的組織不良，也是人民對於政治太冷淡的原故.政治的教育，就是使生徒發生政治的趣味，不是發生政黨的趣味.

公民教育不可僅限於政治一方面.人類的社會關係是多方面的.人是政治的動物，同時也是經濟的，文化的，宗教的動物.人類的社會組織有國家，有工場，有學會，有教會，不過國家的勢力最盛．近百年以來，歐洲國家主義發達，蔓延於世界，所以各國的教育，常特別注重於政治方面．造就有效能的國民爲國家之一分子．但是人類還要勞働，還要尋衣食住的生活，還要享受文化，還要爲宗教的信仰的結合．況且人類的經濟生活，更是各種生活的基礎．不能生活，那裏還有經營政治的能力，不能生活，那裏還有精力注意政治．古人說『衣食足然後知禮義．』衣食不足的人，也就沒有政治的生活了．所以公民教育是教育的一方面，不是教育的全體．近人因爲提倡國家主義．專注意公民的教育，忘却人的教育．況且政治制度並不是嚴格的政治的，必與家族，經濟，科學等相關係．所謂政治問題，亦必包括或牽涉言語風俗，經濟工業，交通諸問題．公民教育不能只限於政治知識，彰彰益明．上文說過的，國家是現在最重要的社會組織，不是絕對的最高的社會組織．若逕以造就國家的公民爲教育的目的，眼光未免太狹．

公民第一資格，卽是有自立的能力．人的生活，要靠着自已的努力，博得生活的方法．向來文明的進步，可歸功於遊閑階級的不少，但是遊閑階級之所以有貢獻於文明的，不是因爲他們有閑暇，實在因爲他們能夠利用閑暇的工夫，做衣食住以外的事．各民族的文明大概都有一個時代，是高等階級，如有武力或有知識的階級，剝削那低級的階級，靠着他生活．人類互相剝削的情形，好似獵食的動物，侵吞能力薄弱的動物一般．所以在一個社會裏，要承認兩個階級，治人的和治於人的，養尊處優的和供給養尊處優的衣食的．例如古代的希臘羅馬，竟承認奴隸制度，以爲自由民的進步奴隸是不可缺的要素．現在還有人相信世界人類是不平等的．劣等民族須受優等民族的支配，低等民族的血汗勞働，是專爲供給優等民族的需要的．但是從人類過去的經驗看來，還是自由人所貢獻於文明的多．現在農工交通，都已應用機械，減省了許多勞力，所以已無奴隸存在之必要．人類頗可以減少勞働時間，人人都可以有閑暇時間，或爲自己的修養，或謀社會或思想的進步．古代的社會有不能自立專靠奴隸供養的貴族階級，他們是卓越的少數．現在的社會不能承認奴隸階級，也不能承認遊閑的貴族．人人皆當有生活的能力．人人也當有修養的閑暇．

國家的責任對於公民經濟上的獨立不祇是要爲公民尋經濟的機會，更須計畫他的教育，使他不至於把所有創造力，精神都耗費盡，纔可以得到生活．這就是設職業教育，使人人都可以用他的職業，得到生活之資．更可以用他的閑暇，修養他自己的精神．改良他的職業上的技能．將來改良經濟的方法，增加經濟的收入．也就可以成爲良好的公民．

向來的人對於職業有兩種觀念．一種是高等職業；如官吏，醫生，律師，教員，工程師等職業．英語稱作 Profession．一種是低等職業，卽如工場的各種工人的職，如金工，織工，泥水匠等職業，英語稱做 Accupation 或 Vocation 這種看法就有階級制度的觀念．把職業分爲兩類，一種是高級社會中人做的，一種是低級社會中人做的．向來的教育是注意高等職業的教育，例如專門學校和大學校所設的科目，都是爲造就文官，法官，律師，醫生，教員，工程師等人物．普通職業教育的設備，極不完全．現在高等教育沒有普及．能夠入專門學校大學校的，當然是居極少數．那些祇能入小學中學的，學些普通知識，沒有機會養成職業的技能．人的智愚不齊，固然不必都入高等教育機關，但是現在升學的能力，全靠着家中的資財，不靠着個人的能力．所以常有能力可發展的人，竟因爲限於家貧，不能享受高等的職業教育這都是教育上的缺點，中外所同的.

近來農工商的事務，都須受有專門教育，纔可以從事.初級學校內須設職業專科，造就有知識的工人，農人，商人.一國經濟的發展，除了物產豐饒是可依賴者外，須有知識高的人去發達那天然物產，或是從事種植，或是從事製造，或是從事懋遷有無.因爲現在的生產方法，分配方法，都是非常複雜艱難，非有相當的科學知識不能做.所以普通的職業教育，是國家最當注意的.

經濟獨立是公民的第一資格，也是國家教育應該最先注意的.其次就是獎勵社會的生活.國家的組織是社會生活的一種.迷信國家的一派以爲國家是社會組織最高的型式，包括萬有的社會形狀.這是一種誤謬的見解.國家不過是人民政治生活的表現.因爲他的勢力較爲强大，所以就凌駕一切社會的組織.但是各種社會的組織，標準，風俗，習慣，也是與國家相爲影響的.例如家庭生活與政治生活表面上似乎是不相關係，但是家庭的道德空氣不良，所產出的個人去在政治上活動，也一定把政治的道德程度降低．又如宗教制度箝束人民的靈智，政治完全在宗教的黨派或受宗教徒指使的黨派手裏，那政治絕對不能淸明．所以國民的社會生活也是國家的基礎．

關於社會生活第一要注意的，就是家庭生活．婚姻制度漸漸由父母的命令改爲個人的主意的．家庭生活也是由家長的權威而改爲協助的，愛的感情的結合．這都是家庭的新趨向．如男女同學現在已成爲文明國家教育上的通例．這個制度不歧視不同的性別，維持兩性間天然的交際，養成獨立自治的心理，卽是極良好的社會的教育．除了男女生同教室以外，更須有教員等監督獎勵教室外社交的會合．總之，男女本來都是社會的分子，不能因爲性別的不同，遂造出兩種階級．以後於性別生活上家庭生活上因誤解而產出許多不美滿來．又如近日學校內多爲女生設家政科，大學設家政經濟或食物的研究，對於家政爲科學的研究．如家庭建築，家庭衞生，家庭裝飾，縫紉，割烹，家庭及社交的禮儀等，在各學校皆可添設．上文說普通職業教育是公民不可缺的教育．女子不論出嫁與否，大概都要住家．所以上邊所舉的各科，可以說算是女子必不可缺的職業教育。國家的幸福要靠着健全的進步的社會，而社會生活中更以家庭生活爲最重要。

公民的資格除了能夠經濟獨立，適合社會以外，更須受有相當的文化，對於文化有趣味。人類對於職業之外，要有精神的修養。文學，美術，音樂等，在文學家美術家音樂家自身看來是他的職業。但是在普通一般人看來就是文化的修養。一國文化的高低當然不能用他的軍備的盛衰評較，也不能祗用他的物質的發展評定他的程度，總要考人民文化思想的程度。上文說過的，閑暇是文化的一個重要要素。古代因爲有奴隸供給自由人衣食住的需要，所以自由人有了閑暇，造出許多文明來。現在的問題，就是使閑暇普及於人民。人民都有閑暇，乃有餘力讀文學，觀演劇，聽音樂，賞玩美術品。民治的國家，不祗應承認人民都是經濟獨立，適合社會，充分的公民，總要承認人民是精神發展的人，要拿養成優雅的人格爲人生的目的。

增進人民文化的程度，須教授實用藝術及美術，普遍於人民之間。一國文化的高低，要觀察公民的嗜好標準。近代國家既承認全國人民都是公民，所以全國人民關於趣味的修養，是不可忽略的．在民治國家裏，教育是普及的，出版物發達，文化普遍，比較的易行．但是除了普遍之外，更須有高尚的成績．反對民治鄙薄民治的人，常以爲民治的結果，就是趣味的標準，文化的程度，都流於低落膚淺．法國文學家法格(Emile Faguet)稱這個爲『崇拜無能力者』(Le culte de l'incompetence)．所以民治國家的文化，不是祇須膚淺的普遍，還須有深邃的成就．但是這個成就的多寡，也要看從事的人多寡．譬如從事美術的人多，就有多數人受美術的訓練，發展他的美術的天才．所以對於美術也就容易造出成績．美術的趣味能力等，並不是限於某種社會階級或經濟階級，是社會上各類人都有的．不過有發展的機會的有無不同罷了．國家獎勵文化的目的，就是增進人民一般文化的程度．

普及文化的機關，如博物館，美術院，圖書館，音樂演奏會，美術陳列會，關於文藝科學的研究會等，都可由國家學校，或私人舉辦．此類機關局面大的，因爲學校或私人的能力有限，當然要由國家興辦．至於普通的陳列會，研究會等，最好是由學校辦理．因爲學校的責任之一，就是傳播文化到社會上．現在外國的學校，多有設美術，音樂，文學，戲劇，跳舞，等專爲養育人民優美的性情的科目.

社會科學如歷史，政治，法律，經濟，社會學等科目，也是公民必要的教育.人類生活是在社會裏，所以應該明白那社會的性質情形.社會科學就是敍述社會的經過，或解釋社會的原理.就中對於現在及過去的政治，及解決現代政治問題，資助更多.例如歷史是研究政治問題的背景，歷史包括進化的觀念，明白歷史的人不至流於保守，也不至流於急進.政治學討論政府的形式，職能，及組織.法律解釋法律制度，造出製造法律解釋法律的基礎.經濟學研究人類財產的生產，分配.人類生存不能脫離經濟.近代政治問題也是時時要與經濟問題相接觸的.社會學是研究社會關係的原理.政治上的活動，總要根本於社會原理的.總之，社會科學供給吾人以科學的研究政治問題的基礎.公民從事於政治的活動，而不明社會變遷，社會原理，及其他法律經濟的基本概念，是最危險的.不明化學的人，不可使他摸弄化學藥品.不知生理病理的人，不能使他治病.所以不明社會科學的人，也不就不能把政權隨意授與.

向來社會科學的教授，祇限於大學及專門學校中.近來美國及日本的中學，也開始添設此科．小學已設歷史及公民學．公民學即關於政治的淺近知識．今後的教育應當將社會科學內的各分科打通，擷合起來，將人類社會各方面的制度及關於社會關係最根本的概念，排列成教授科目．這個科目可以包括舊有的倫理，法制，經濟，及一部分的歷史．

以上所說都是專論養成公民的教育．但是公民的教育不祇限於個人，更須有團體的教育．單獨個人雖然都受有完備的公民的教育，等到共同辦起事來，仍然恐怕不能成功．個人進步不見得就是國家進步．因爲祇有個人的進步，而沒有團體的有意識的進步，仍然不是國家的幸福．所謂團體的教育，就是公同活動的試驗．國民可以爲公同的目的互相聯絡，共謀進行，就是最好的團體的試驗．國家爲個人教育的設備，比較的容易．國家爲團體教育的設備，就是使個人可以有互助或服役的機會．常見許多受過高等教育的人，不能聯合，不能共同活動，那就是教育的失敗．假使一國裏的人民沒有共同的目的，不能有公同的活動，即使人民的知識的程度非常之高，也是不易生存．因爲現代團體的生存，要靠着團體的有組織的努力．個人單獨的努力，祇可以保存個體，或個體所產生的稚幼．假使把個人的努力聯合起來，不特個體和個體所產生的幼稚可以保存，並且生命還可以進步．所有人類的進步，都是人類共同活動的成績，那是無可疑的．

第十二章　民治與教育

民治是歐西的理想，最早在古希臘發見．當時的民治專指自由民的從事政治．女子，奴隸皆不在內．現在民治的觀念比古代希臘更爲擴充．現代的理想不只是自由民的政治，也不只是政治上的民治，更有經濟上的社會上的民治．歐美有許多國家，已經採用普通選舉制，無論男女到了成年，卽獲有選舉權．這可以說是在政治上已有民治的形式．但是他們在經濟社會兩方面還離着民治極遠．他們在經濟方面還是富豪資本家的政治，在社會方面也是富豪資本家的卓越．因爲經濟，社會兩方面，沒有貫澈民治的精神，所以政治上的民治，雖具有普選的形式，也常是有名無實．十九世紀的政治學者專注意在政治上的民治，他們以爲普通選舉制是政治演化終極的目的．一旦得到普通選舉，民治卽可以實現．二十世紀的人，知道這是幻想．普選是民治實現的一種方法，但不是全方法，普選是政治上的一種形式，但是不必確能表現民治的真精神．

人的生命是多方面的，各方面，又是相連的．政治不過是人類共同生活的一種，所以一定受他種共同生活的影響．民治雖然最先在政治方面發端，但是現在不能不擴充到其他方面．不特經濟方面，社會方面都須有民治化的趨向，卽種族國界將來也須在民治化之列．因爲民治不只是一種政治的形式，實在是一種『聯合的生活』一種共同經驗的交通．人類旣同生在大地之上，又有種種交通之方便，個人的行爲當然要與其他的行爲發生關係，而其他的行爲當然也對於個人的行爲發生影響．各人因爲共同生活，必有相共同關係的事物，各人的行爲對於這個事物不能任意獨行，也必有相當的變更，以維持他們的共同生活．所以不特經濟上，社會上的階級應當打破，卽種族間，國家間的界限也當推翻．因爲，假使保持那隔閡的界限，就無異否認共同的生活．沒有共同生活的人民必產出階級間，種族間，或國際間的不平，或竟發生衝突，那就無民治可言了．

民治是人類現在最高的，最普遍的理想，已無可疑。就是最專制的魔王，最狂妄的軍閥，現在也常用民治相號召，沒有敢公然與民治宣戰的，——他們的行爲雖然常抑壓民治的發展。但是要知民治的理想尚在極不穩固的基礎上。一方面有政客，軍人，資本家，爲黨派，階級，或小團體的利益，阻遏民治的實現。他方面還有些學者從理論上否認民治的實行。古代如柏拉圖，近代如哲學家尼采(Friedrich Nietzsche)都是反對民治的理論家。基督教的加特力派學者也向來不能承受民治的理想。此外如英國文學家的卡賴爾(Thomas Carlyle)羅斯金(Ruskin)法學家的梅因(Sir Henry Maine)，與斯丁(John Austin)都曾攻擊過民治的。所以民治在今日不過是一個理想，一般信從民治主義的爲他奮鬬，爲他犧牲，爲他去做實際的試驗。反對他的不承認他是理想，在實行上阻撓他，在理論上駁詰他，至於證明民治是人類社會最高的理想，將來還須在實行上。但是我們現在在理論方面，應該將民治的根本要義略爲陳述。因爲向來反對民治的，大半多半是由於不明民治真諦的原故。用最簡單的說法，民治的根本要義有四，卽友愛，平等，自由，社會效率四種。

一，友愛　無論在什麼社會——民治的或非民治的——友愛是人類生活根本的條件．因爲假使人民沒有友愛，彼此之間缺乏共同的利害與共同相似的心理，必至發生軋轢紛爭．古代柏拉圖說國家須有有機的統一，阿里斯多德說友誼是公道的基礎．斯脫阿派（Stoics）主張人類的大同，基督教更唱人類同胞的教旨．所以現在無論那種社會都要維持人民間的友愛．即使有相衝突相爭鬬的時候，一旦遇了外界的侮辱，也就團結起來同禦外侮．孟子所謂『人和』可以做友愛解釋．假使人民不能相和，禍亂相尋，共同生活一定消滅，也就沒有社會了．所以人民間的友愛是無論什麼社會的根本條件，而尤其是民治社會的根本條件．

二，平等　在民治上的友愛的前提就是平等．不平等的人雖然可以發生慈愛或憐愛，但是要發生友誼的愛必須是相平等的人．所以平等也是民治社會的根本條件．普通對於平等的觀念常有不同的見解．一派的人主張人類絕對的平等．但是人類的本性是不齊的．『物之不齊，物之情也．』人的身材，能力，心理，道德都是不齊的．假使人類都是一樣的，芸芸衆生，都像一個模型，那世界真是最單調無味的地方．

所以人類間的變異是自然的，人類絕對的平等也是不可能的。共產主義者鑑於今日貧富的不平等，有主張人類的所有都應該絕對的平等的，各人所得的財物，不應該有多少不均的分別。這就是不明人類差別的理論。要知各人的氣質不同，功用不同，所需也各不相同。如詩人，哲學者除去衣食之外，所需的財物或者有限。至於科學家則需儀器，設備，或者需多量的財物。所以各人的奉職不同，不能强人受領平等的財物。況且職務的種類繁多，性質不同，沒有共同的標準，評定其價值。所以更無從均平各人所得的財物。即使假定有方法評定各人職務的價值，各人的癖好，需要，又未必相同，雖然同操一種職業，而奢儉有差。一時雖然可產出所有的平等，但不久因各人消費的不平等，仍然產出財貨的不平等。假使不拘所奉的職務如何，將所有的財物悉爲均分，各人特別的需要，如上文所述之科學家的需要，完全由公家供給，則又是純然理想的計畫。因爲實行平等分配制以後，有人還能否肯大努力，還是一個疑問。恐怕世上有許多人等到實行平等的收入以後，必然努力很薄弱，世上的生產量必因之而大減。所以民政上的平等絕不能是如共產主義一派所主張的絕對的平等.所以共產主義的另一派以各盡所能,各應所需爲分配收入的標準,如此則已經承認人的不平等當然不是絕對的平等.要知不平等中纔可以產出真平等.若強將不平等的人做爲平等的對待,那反倒不平等了.

從法律方面看來,各人在法律上是平等的.犯了法的人,無論貧富貴賤,所受法律的判決應該是平等的,換言之,法律是普遍的,不能因人而示區別.但是事實上法律上的平等也不是絕對的.法律上須承認平衡的原則.同是犯罪的人,但是因爲所犯的罪有重輕而所受的刑罰不同.不特此也,卽是犯同樣罪的人,也因爲犯罪的情形不同或犯罪者的性質不同而法律上不能與以同樣的處置.再退一步說,卽使各人都是在法律上受同樣的待遇,結果也必不同.各人的稟性,心思不是一樣,所以雖然有同樣的法律,他們對於法律的反應仍然是不同的.所以法律上的平等,也是相對的比較的,不是絕對的,要承認人的不平等纔可以有法律上的平等.

現在所謂平等常專指機會上的平等而言.無論什麼人都應該受有平等發展的機會.但是機會也不能絕對的平等的.例如社會設教育的機關使幼年的男女都

有同樣的受教育的機會，表面上雖然可稱爲機會的平等，但是事實上各人還不能爲同樣的發展。自機會方面看來，是平等的，自各人方面看來，是不平等的。從此看來必須人類平等乃有機會的真平等。

以上所說法律上機會上的平等，都是要承認不平等的。但是人類在根本上還可以稱爲平等。要知均是人類則人的相同之點勝於相異之點。人類的性質有賢不肖，容貌有妍媸，顏色有黃白，門第有高低，他們相異之點雖多終不能抵消其根本相同之點。一旦承認人有共同之點則所有人爲的區別如階級，種族，性別，國籍，教育，天然的區別如智慧，能力，皆不能爲社會分歧的理由。所以平等的真義並不是强人相同乃是打破隔閡人羣的種種界限。人類雖有千差萬別也不能定出水洩不通的界限。從此看來，平等與友愛是相連的。人類不能共立於平等的地位，就不能相友愛。

人類的平等是因爲他們都屬於人類，都是社會的一分子。但是不能因爲平等竟將所有的人類都放在一個靜止的水平線上。民治的社會，承認各人可以有平等的社會的價値，許可各人有平等發展的機會。但是對於各人不平等的發展不能加以制裁，强迫使歸於平等．民治的社會求平等於不平等之中，階級制度的社會力求不平等於平等之中．一個是提高的，自由的．一個是抑壓的，拘束的．所以民治社會是承認人的平等的，但是對於不平等的個人也要滿足他的需要，讓他的發展．階級制度的社會不承認人的平等，所有的制度也都顯階級的差別，對於人不肯爲平等的待遇，强定人爲的差別．對於各人不與以平等發展的機會．

三，自由　讓不平等的個人可以發展，就是承認他的自由．假使人類都在一個靜止的水平線上，各人不能按着他自己的趨勢發展，人類雖然有一種機械的平等，但是失去自由．所以我們於承認平等之中讓人有不平等的發展，就是承認自由．平等與自由是相輔的．有平等而無自由，則智者不得顯其所長，賢者不能盡其所能．平等變爲壓制强迫．有自由而無平等，則必强欺弱，衆暴寡而自由流爲放恣無治．

既云自由，就是不受約束．所以自由與拘束是相反對的．普通限制人的自由，就是用各種約束的方法，如法律，刑罰，箝制人的行爲．但是自由與拘束在根本上看來不是相反是相依的．個人得爲所欲爲，是個人的自由，是他自己的善（Good）．但是他的自由不能妨害他人的自由，他的善不能妨害他人的公善(Common good)。所以個人的自由是有條件的，要以不妨害他人的公善爲限。所以普遍的自由的第一條件就是要有普遍的拘束。假使沒有拘束，有些人就有無限的自由而他人就無絲毫的自由。假使沒有拘束，一個人或有些人可以實現，而他人竟至不能有絲毫的意志了。所以自由與拘束是相依的。沒有拘束，就沒有自由。自由的本質就是拘束。從此看來，法律與自由也不是相反對的。法律是自由必不可少的條件。法律是拘束個人的自由的，所以當他拘束自由的時候，限制人的行爲。但是假使那個法律的效力是普遍的——無論貧富貴賤都受那個法律的制裁，不是治者有治者的法律，被治者另有被治者的法律——這個拘束於一方面雖然妨害個人的自由，於他方面也可以說是保護他的自由。因爲假使沒有這個法律的拘束，他人有了這個自由，他自己或者須受他人的自由的害。所以法律是普遍的自由的主要條件。所謂法律當然是普遍的法律。

近代自由的發展是最可注意的。歐洲中世的封建制度是與自由反對的，所以當時有許多工商業發達的都會先脫離了舊制度的羈絆，成爲獨立的市府．以後美國的獨立，法國的大革命都可稱爲政治上自由的表現．及至十九世紀英國的放任主義的興盛可謂爲自由最盛時期．階級制度，農奴奴隸，凡有拘束自由的組織或制度，一概掃除淨盡，不能存在．現在的政府都要承認自由．個人的自由如思想言論集會皆於不妨公善的限度內爲政府所許可．就中思想自由是最根本的因爲思想是屬於個人的『內府』的，假使思想都不得自由，就完全沒有人的價值了．言論出版不過是將所思想的發表罷了．集會自由是最後發展的．向來的政府都是嫉視人民的集會，恐怕集會是反對政府的．特以勞働者的集會更爲政府所箝制．這是因爲資本家常握政權的原故．但是現在文明國家對於與公安無妨害的集會都許可成立．如產業，教育，學術，宗教，遊戲，各方面都有無數的團體．私人團體，私人組織供給個人以發展的方向，發展的機會，所以不特無害於政府，且有益於社會的發展．

近代自由不只限於個人的自由，團體，地方，種族，國家，皆趨於爭求自由的一途．團體如學校，工會及其他職業或學術的組織，皆求有發展的自由，不肯受政府無端的干涉.地方政府一方面雖順從中央政府的法令,而在其他方面則求有充分的發展的自由.歐美各國政治的發展可以從他們的地方自治的發展看出.而民治的基礎也必須先發達有健全的地方自治.若今日疆域龐大的國家,缺乏地方自治而悉聽令於中央政府,則決不能產出良政治,更不能產出民治.種族自決就是承認種族的自由.種族的顏色雖各有不同,文化程度雖各有差異,但是不能因此就使一個種族須降伏於他個種族.種族的求自治是近來的發展,白色人有鑑於此,神經過敏的就深怕非白種的興盛.前德皇威廉大唱黃禍之論,近來更有人唱有色種族禍的論.這種議論,都是否認平等與自由兩原則的結果.他們對於種族——一種生物的區別——畫出界限,畫出階級,維持白色人種的優越.要知民治是一個普遍的原則.要承認民治,就應該貫澈到底,無分國之內外,種之同異,始終以民治爲目標.若承認種族的差別則將來國內的民治也必傾陷.古代希臘的民治,同時承認奴隸制度,終也爲其所傾陷.要使民治在這個世界上安穩,就是將全世界都變爲民治的組織.國家的爭求自由常與種族自決相連.在近代歷史上,拿破侖戰爭之後,先有比利時的脫離荷蘭，後有意大利的脫離澳地利，英國的自治區域，坎拿大，澳大利亞，新錫蘭，南非在十九世紀後半皆以政治的理由用平和的手段成爲半獨立的國家．巴爾幹半島的小國家也皆經過幾次戰爭，脫離土爾基的羈絆．歐戰以後小民族如刦克，波蘭皆建立爲獨立邦．現在還有高麗，印度，埃及，愛爾蘭，斐律賓，安南都正在要求種族的國家的自決．猛烈的運動，進行不已．假使我們希望世界是民治的，這些種族的要求一定要承認的．假使要藉口說他們的程度幼稚，不配自治，就應該急速教育他們，輔助他們的自治．

自由的發展蓬蓬勃勃，不能遏止．自個人的自由更演成爲團體的自由．世界上無論何處現皆承認自由爲人生的主要條件．但是自由是要有相當的人所應該享受的．自由的利就是人人得以發展，自由的弊就是不知如何發展．在階級制度之下，個人的事業是社會爲他畫定的，他可以遵循成訓．一旦有了自由，他的事業要他自己選擇．但是世上有些人不能自己選擇．所以自由是假定人有選擇及辨識的能力．人在自由的社會裏比在無自由的社會裏，智識要高，責任要重．因爲他的生活是自決的，創造的，不是因襲的或服從的。沒有自決或創造的能力的，就要受自由的害。但是教育可以養成這個自決的習慣，和創造的精神。愛自由的人覺得人生的價值就是在乎有自由，沒有自由就是奴隸的生活。所以即使自由引起無數的犧牲，我們仍然要寶貴他的。我們並且希望那些犧牲以後可以減少。

四，效率　個人自由的發展不可與公善相妨，既如上述。維持公善最好的方法就是使各人所做的事業，所在的位置，都能盡其最高的效率。所謂效率就是為公善的效率，不是為私人利益的效率。反對民治論者，以為民治因為注重平等，所以不尊崇效率。人既然都是平等的，他們的能力都是平等的，所做的事業就沒有區別，都可以互相交換。審判者與訴訟者，治病者與患病者都是一樣，無所謂專長或適宜。要知這是一種極端的平等論的誤解。民治下之平等，要承認人有不平等的發展，承認各人能各盡所長，做他效率最高的事業。假使人類都是機械的平等，各人效率都是一樣，效率問題就無從發生。假使自由不以公善為標準而以私利為標準，則個人的發展都可稱為合於各人的效率，效率問題也無從發生。我們對於平等與自由有健全的見解，就要承認效率也是在民治下的重要原則．

在各種制度之中民治是最費事，最不經濟，最負責任．獨裁制度與民治正相反，是最省事，最經濟，除了獨裁者一人或少數人之外，最不用負責任．所以在民治制度之下，各人要努力，自決，負責任．在獨裁制度之下，各人只有服從聽命，能事已畢．在民治制度之下，個人的犧牲很大．因爲不能努力的，不長於自決的，不肯負責任的，在民治社會內無自治的能力，不能定他自己的位置，不知道他所應做的事業．在獨裁制度之下，人不爲自己的犧牲，而常爲獨裁者的犧牲．個人雖然沒有努力，自決和負責任的精神，但是如果可以遵從獨裁者的意旨，襲承成訓傳來的制度，就可以安居樂業．從此看來，人類如願省事，經濟，少負責任，卽能生活，最好就是採用開明的專制，採用獨裁的仁政．但是無論從個人或從社會方面看來，還是民治是最高的，最理想的，我們現在雖然沒有得到民治的實際，但是要努力求民治的實現的．因爲在民治制度之下，個人皆得盡其所長，發揮他的『真我』，因爲社會的不調協，個人或有爲自己的犧牲的，但是人寧可爲自己的犧牲，不可爲他人的犧牲．個人得自由發展，是他最寶貴的權利，因爲他發展——無妨公善的發展——他的價值纔可以成爲完全的人，纔可以有豐富的生命。假使人人在社會中皆得發展，個人的價值皆得貢獻於社會，那社會必也效率最高，有最豐富的生命。所以在獨裁的社會裏無論秩序如何安寧，生命如何美滿，但是終不及民治社會的效率與豐富的生命。身心怠惰的，意志薄弱的，或者覺得他們的生命在獨裁社會裏是最舒服的，除了獨裁社會或者不更希望他種社會。但是求發展，求自決，可以說是人的天性。就是在獨裁社會之下，也常見有求發展，求自決的精神發現，不過因爲獨裁的勢力或成訓的壓力常受挫折，終至不得實現。而大多數的人，因爲久慣於獨裁與成訓的壓迫，竟至將發展的精神完全凋喪。一般人天天只希望賢明的獨裁者出而爲羣民整頓各事，自己並不肯去努力自決。

友愛，平等，自由，效率都是民治中最主要的要素。四者缺一就失去民治的精神。一個社會要使這四種要素實現，必須有相當的組織。民治的精神須在組織中保存。這個組織就是民治的國家。民治的國家有兩種，一種是用直接的政府，一種是用間接的政府．兩種的方式雖然不同，但是他們的精神是一樣的．一個小社會，幾千人乃至一萬人，可以造成純粹的民治（Pure democracy）．社會中人人皆可以爲立法者，所有的法令，設施，都由社會中人人的自動計畫．他們直接的選舉執行的人員，施行他們所通過的決議．法律上的紛爭或權利上的衝突，人人皆可有判斷的資格．如此則各人都是一個負責任者．凡是於共同有關的事務，社會的人人都要負責任．法律可表示人民的意旨．各人是治者同時也是被治者．這就是直接的政府．古代雅典的民治，後代瑞士小州民的集會皆屬此類．此種純粹的民治在小社會中施行已有困難，若在較大的團體更難適用．集會之人衆多，分子複雜，則討論，決議必皆異常廠煩累贅．特以關於行政或司法的事務，更不是大會議可以做的．行政事務第一要敏捷，第二要有決斷，若行政事務須交大會討論磋商，費時多而躊躇不易決．司法主在權事務之輕重，根據法律風尙而判其曲直，原不必多數的討論，若交大會討論也是空費時間．所以就是在直接的政府裏，也不能使人人都平等的從事於立法，行政，司法的事務．執行，審判必還有少數的員司．卽羣民的立法會議也必定期舉行，不能每日集會.後世社會擴大,加以人事日繁,純粹的民治已完全不能適用.但是有些國家現在有時仍然用全民投票,直接選舉等制度,這還是直接的政府.

現代各國所採用的最普遍的制度就是代議制.在大範圍的社會內,無論交通如何方便,不能使人人皆到會議.欲推行民治只有用代議的方法.人民勢不能都去執政,但是人人都可以有方法去支配政治,監督政治.人民勢不能都知道行政的細微的條則,但是人人都可以有方法去箝制行政,指揮行政.立法行政可以託少數人辦理.人事日繁,分工日細,立法行政都演化爲特別專門的事業,不得不推給少數的人辦理,但是人人都要有權指揮監督.所以代議制的精神不是人民自己投身於政治,是人民監督政治.在現代社會內,純粹的民政,直接的政府已經不能再存在.所以個人在政治上的作爲不如人民全體作爲的重要.立法須有專人,行政須有專門人材.但此專人或專門人材的立法行政的權利完全由人民得來.人民雖然不直接的從事政治,但是人民是所有行政立法的根源,是一切政治的唯一的根源.立法者直接由人民得權利,籌畫政治上的事業,行政者直接或間接由人民得權利,以執行所通過的法令.

代議制度現在還在試驗之中.在廣大的大社會內,欲推行民治,只有用代議制度的一法.所以將來民治的成敗要看代議制成敗.代議的原理,如上所述,只有一個,但是代議制度可以有許多不同的組織.現在政治上最重要的問題,就是發明最完備的最有效率的代議制度.

民治成立的要素與制度,既如上述.人民推行民治更須有其他條件,卽人民有自治的能力與健全的輿論.普通擁護獨裁政治不肯讓人民行民治的,不是說人民無自治的能力,就是說人民無健全的輿論.他們說無論如何好的代議制度,無論如何高尙的理想,友愛,平等,自由,效率,假使人民無自治的能力,無健全的輿論是不特無益而且有害.神聖的理想,美備的制度將來必也爲人民所侮蔑毀壞.要知自治的能力與健全的輿論二者須教育與時間的培植發達.自治是一種共同的生活,人民在實行自治之先,當然不能斷言他們沒有能力自治.在實行自治之後如有失敗也不能斷言他們竟無能力自治.因爲自治是一種新的生活,須養成新的生活習慣.一時的失敗不能卽認爲永久的．一時的適應的程序不能卽認爲失敗的證據．我們同一班不相知的人營共同的生活，能認識彼我的優點弱點，認識領袖，捐棄一己的利益，服從公共的意見，這都是很複雜的程序，須有長時期的協調，纔可以成功的．所以所謂自治能力一大部分是時間問題．養成自治能力也要靠着教育．人民一定有相當的知識程度，纔可以營共同的生活．就中最重要的教育就是練習自治．不肯讓人民實行自治的常藉口於人民無自治能力．但是假使人民永遠無實行自治的機會，卽永遠不能發展自治能力．養成自治能力最有效的，最敏捷的方法，就是任人民去實驗自治．

輿論是民治的重要條件．人民監督政府指揮政府，一方面要靠着政治的制度，如憲法選舉國會等，但是又一方面還要靠着輿論的表示．政治上的監督常是有定時的，所以輿論的監督有時更爲有效．英國的政論家以爲現在國會的勢力已不及輿論勢力之偉大．沒有輿論的社會一定不能施行自治．但是輿論須要假定人民有相當的知識程度纔能成立．輿論是共同生活的結果，不是原因．人民不得機會集會，不得機會接觸思想，不得機會發表思想，就無從發生輿論。除了心靈有病的以外，大概人人有判斷的能力。各人判斷未必相同，或且相反，但是如果對於所判斷的事實真相明白，更加以領袖的指導，當然可以產出一種健全的輿論。所以輿論也是要任人民做了自治試驗以後纔發生的。總之，自治的能力與健全的輿論都是於自治實行以後纔能積極的發展。普通以無自治能力與無健全輿論而不許人民自治的，都是倒果爲因。人類歷史上還不曾見有人民完全有自治能力，及健全輿論以後纔博得民治的制度的。所有的民治都是在試驗中受最有效的教育，在試驗中發展最大的自治能力與最有力的輿論的表示。

學校是一種共同生活，現在學校也採用民治的組織。以上所述民治的原則，有許多的雛形可以在學校內發見或興辦。友愛，平等，自由，效率，也都是學校生活的要素。學生之間一定要相友愛纔可以免去敵愾，衝突。用協和的共同的働作代個人間，團體間，或級組間爭競。我們在社會生活上假使能通力合作，同心同意的共働，可以成就許多極偉大的事業。因爲有許多精力都消耗到鬬爭衝突上，所以不特社會上問題多未能解決.反引起若干無聊的,不必要的紛爭在學校內,合作的價值更顯而易見,友愛合作的精神易於培養.假使學生得機會共同合作,他們也漸漸可以覺悟合作的利益,養成友愛合作的傾向.要在學校內發達生徒共同生活的方法.使他們有有用的幸福的生活.學校中各種團體如演說會辯論會,音樂會,演劇會,繪畫會,運動會,以及各種學會,皆可以發展生徒的社會性,互助性.使生徒晤個人當服從團體及社交合作的利益.此種團體的活動應該設法獎勵.

學生的自由是現在教育上最大的問題.向來學校是獨裁政治.用教員的威嚴權力維持學生的秩序.現在新式學校雖然廢了鞭朴夏楚,但是還是靠教員的威權駕馭學生.獨裁的制度重在紀律,訓練,將學生變成被動的.民治的制度重在生徒的趣味,傾向,任學生的自働.前者是他律的,後者是自律的.向來的學校只有教員負責任,學生只知服從,思想行爲皆受教員的監督.但教員的責任又只限於授課時間及教室以內.在民治社會內,應該人人負責任,不能任少數人負責任的.但是責任與自由是相連的.自由是負責任的必要條件.沒有自由的不能負責任.所以現在的學生在一定範圍以內，應該享受自由爲自由的人（Free agent）。有了自由纔可以發展他的責任，可以受自己的制裁。思想行爲皆可以自己負責任，可以自己監視自己，自己照料自己，自己制裁自己。

學生自治是現在維持學生紀律最有效的最正當的方法。學生受外邊的壓力然後秩序整齊，是靠不住的。一旦外邊的束縛去掉，沒有自治的能力，一定秩序大亂，成爲綱紀蕩然。所以獨裁的制度與民治主義相背馳，姑不具論，卽欲爲永久的維持學校的紀律也當以自由與學生，使學生參預學校之管理。兒童在學校內得贊襄學校的管理，他日在社會上也得參預政治上事務。在學校中先學知權利之可貴，義務之必要，享受權利，盡行義務。在校中卽學著盡對於公家的義務，將來在社會上也可盡對於公家的義務。

教員常嚴限學生只注意自己的課程，不許其干涉他人之事，以爲他人的事與兒童無關，不可徒分心思於與己無關之事。我國俗語說『各人自掃門前雪，莫管他人瓦上霜。』正是此種見解。要知生徒對於學校各事不負責任，對於同學的作爲熟

(Civic spirit) 視無睹,對於校內不正當的事以爲與己無關,則其對於公衆的精神薄弱.將來對於社會上一切事務也必漫不加意.幼時在考試時舞弊的就是將來在政治做鬼蜮行爲的.幼時見同學舞弊而不管的也就是將來對於市政國政不措意的.所以假使不發達兒童對於公家的精神,必使生徒自身與社會皆必受害.從此看來,所謂自治又不是完全自己制裁自己,又含有互相制裁之意.

學生的自治不是一天可以成功的.時間是一個重要條件.而且必須自內漸漸生長,不是由外面强加給他們的.向來的管理是來自外.學生自治須發自內,爲學校的共同生活的自然的表現.學生自治並非教員卸責.乃生徒與教員的協助.但是教員須任指揮的責任.人類團體必須有領袖,然後團體生活乃有統一的有效的活動.自治團體沒有領袖,指揮或不服領袖的指揮與團體中人人都想做領袖是一樣的危險.但是爲領袖的不特在身體方面,心理方面,道德方面都有特長,並且須有引人注意起人信仰的能力.在政治上做領袖的要有能力使他所指揮的人,不特是被動的聽他指揮,還要能夠發揮他們的有用的能力.領袖還須聯絡他們的能力.若人民完全受領袖的指揮而不能發揮其生命受制於個人的或少數人的意志爲他人增勢力謀利益而不能自實現其目的，這都是領袖的過失．領袖要知道民意他雖然超出一般人民之上，但是同時還是與一般人民有切要的關係．所以自然團體的領袖與團體不是截然兩物．（參看前社會與個人章）教員在學校裏是當然的領袖．學生之中也可以發達他們自己的領袖．教員考察他們在各方面可以做領袖的要加以協助．如教員生徒在學校內皆有發展一己之機會則學校生活必更加豐富．所以學校的管理不是威權駕馭一切，乃是不同的利益，不同的傾向的協調．不是校長或教員大權獨攬，任意獨行，乃是教員與生徒的相了解的共同管理．團體的生活不容獨裁，不容個人意志的跋扈．

教員要表現學校的生命，實現學校的理想，必須能感發生徒的精神，誘掖他們通力合作．做領袖的教員一方面不能是獨裁的治者，他方面不能是專出風頭的野心家．他要了解團體的利益與團體的理想，聯絡大家共同的努力去求實現．

近年來我國學校的獨裁政體已漸有不能存在之勢．而各學校之管理尚未能達到民治的制度．爲教員的大概懷疑生徒的干涉學校行政，而爲生徒的又不明民治的真意，誤解爲無政府或個人的出風頭．因此現在學校的行政常見兩種弊端．一種是無治的狀況．生徒否認一切權威．他們不特否認學校行政方面的權威，如排斥教員，挾制校長，隨意更改課程，要求廢止考試，並且他們自己也沒有發達一種制度或權威，軌範他們自己．結果學校盡陷於無治的狀況．與這個狀況相連的就是野心家的猖獗．團體生活必須有紀律維繫．沒有紀律的團體，必至破裂，沒有共同生活．無治的社會若不陷於紛爭擾亂，必至產出許多的野心家來，滿足他們自炫，自逞的欲望．在政治社會內最危險的就是政奸（Demagogue）．因爲政奸不是人民的真領袖，但是利用人民的弱點，謀滿足自私自利的野心．學校內最危險的也是政奸．政奸，無論是教員或學生都是利用團體中個人的弱點，謀滿足他個人的自私自利的欲望．政奸在政治上要靠着一般人民的擁護；他在學校內也要靠着生徒的擁護．政奸與民治的真領袖不同之處要看兩人所希望的理想．政奸的理想不外個人的野心，民治的領袖的理想是表現團體生命的理想．

民治現在是正在試驗中．世界上民治的國家不過有數的幾個．反對民治的已經舉出許多有效的缺點，證明民治失敗，已不能再適用於人類社會．我們承認有些缺點是有理由的，但是我們希望那些缺點將來可以消滅．我們相信學校是最好的民治試驗場，是訓練民治最有效的機關．所以更不願意那民治的眞精神未見而民治上的弱點竟先產出．今後學校的組織當然不能再應用獨裁的制度．但是那民治的組織切要防止政奸的跋扈．

近人因誤解民治的真義，所以常用平等，自由，等幾個名詞，去反對教育上的幾種制度．就中生徒反對最烈，不遺餘力的就是考試與懲戒．對於這兩種不是說是摧殘個性，就是說是專制餘毒．凡是一種制度當然不可與民治的原則相悖．但是我們要知道民治中雖然不能承認專制，但仍須承認制裁．考試是考察效率的一種制裁．懲戒是維持團體生活的一種制裁．考試與懲戒應該用什麼方法，取什麼形式，那是很可討論的問題，但是若竟取消他們，學校必至限於無治狀態．理想家雖然想像將來的社會，各人都樂意勞働，不待社會或政府的督催，各人都不爲非做歹，無待法律或刑罰的裁制.但是我們實際的社會,無論民治的程度發展如何高,人的勞働還要多少受人的督促的,人的行爲還要受法律或刑罰的制裁的.現在社會上督促各人的勞動不用考試,是用經濟的方法.但是學校沒有經濟的方法只有考試是最有效的.總之民治不是無治,也不是獨治,須有團體的制裁,團體的束縛.考試,懲戒都是必要的制裁.

民治的原則表面上看來好似矛盾.個人的發展與社會的制裁似乎不相容納.要知個人的發展是有制限的,社會的制裁是以共同的利益爲目標的.個人只可以在團體生活中求發展,他的發展不特是個人的,並且是社會的.社會的制裁限制個人的活動,他的制限不特是消極的制限個人並且積極的維持他的利益.因爲社會的制裁是社會上必不缺的條件.具這個條件,人人纔可以都有機會發展.

第十三章　社會的演化

以上諸章所討論的是社會的靜止方面的制度.但是社會是時時有變化的.人類所處的自然環境,如氣候,地理,動植物都是不斷的有變化.人口有生有死,有生長,也是不斷的改變情形．人的行爲因爲自然界的變化時時爲順應的變化．人的接觸因爲人口的改變時時現關係的改變．人類關係的變化原因錯綜，與自然與地理與人口與社會制度，都是相連的．宇宙間一切物象莫不直接的或間接的影響人類的生活情形．反之，人類生活情形的變化也莫不直接的間接的改變宇宙間的物象．而社會一切現象又皆相互的發生影響．我的行爲直接的間接的影響他人，他人的行爲也直接的間接的影響我．這種複雜的相互的感應（Interaction），是普通的社會程序．若將所有社會的程序，分別種類，分析因果，是很困難的．例如國會立法，推行以後可以發生何種影響，在立法者本意雖有一定目的，但是一定發生許多沒有料到的影響，最初以爲在許多方面絕無關係的，後來或竟發生影響；最初以爲在許多方面一定發生影響的，或者出乎意料之外竟不發生影響．所謂社會現象都是如此．

社會現象與自然現象大不相同．自然現象是簡單的，他的現象的變遷，因果的關係，是容易推定的．哲學者稱這是「自然的齊一」（Uniformity of Nature），自然界的「秩序」與「諧和」．但是這都是由於自然界的現象和現象的關係都是簡單的，所以有「齊一」有「秩序，」有「諧和.」社會現象，如上所述，是複雜的.各種要素的變化繁夥，所以現象的變遷，因果的關係是最難測定的.卽使能測定規律出來，那也是或然的(Probable)律.社會學上所發見的規律都是表明一種變遷的趨向.不是變遷的原則.因此有人批評社會學不能成立爲科學.要知社會現象不能與自然現象同屬一類.社會的要素複雜，引起變動的或阻遏變動的都紛歧多端，竭吾人智力之所及所推測的也不過變遷的傾向，變遷的可能性(Possibilities).絕沒有人敢斷言說某種變遷因爲某種原因是一定發現的，必然發現的.社會現象雖與自然現象的性質不同，但是我們仍可以用科學的方法研究成立爲特種的科學.

社會演化可分別爲遺傳與變異兩方面.生物學者研究生物的演化分別遺傳與變異兩方面.我們研究在遺傳方面就是社會的繼續.社會有繼續的生命.個人有死亡，而個人所共生活的團體是綿延不絕的.社會上的成訓，制度，智識，技術，理想常可以繼續保存，永遠爲社會的寶貴的產業.但是社會同時也發現變異.上節所謂社會的變動就是變異的現象.生物學者研究生物的遺傳將變異區別爲驟變(Mutation）與變化兩種．普通的微小的變異卽可稱爲變化，非常的巨大的變異卽稱爲驟變．我們對於社會現象的變化也可發見此種區別．所謂變化是無時無處不見的，例如人口有死亡的，有新生的，一定影響社會上人口的配置，產出社會的變化．又如人口團體的集會，分裂，必也改變社會生活．所謂驟變在歷史上也有不少的例．政治上的大變動如革命，產業上的大變動如產業革命，宗教上的大變動如宗教革新，都屬於驟變一類．驟變與變化都不外是一種變化不過因程度不同，情形不同，所以纔分出種類．我們如果調查驟變的原因也與普通的變化，沒有大分別，不過驟變的影響重大，所以特別的惹人注意．世人稱之曰革命．其實革命是時時有的處處有的．不過我們將重大的，特別的現象稱爲革命罷了．若變異積日持久，成了屯積的變異（Accumulated variation）也與革命相同．

關於社會演化的定律我們現在還不能確定．歷史學者研究歷史的變遷常推論到各處的勢力．如用經濟的勢力，宗教的勢力，思想的勢力等等以解釋歷史上的各種變化．唯物論者更專推論物質的變化爲一切社會變異的因數．唯心論者專注意於思想上，精神上的變化爲一切社會變化的因數。我們若對於社會爲科學的研究，卽不能先決定某種變化——物質的或精神的——爲一切變異的因數。況且卽所謂精神的，從物質方面看來，仍是腦的變化，也是物質的。我們應先考查各種變化，然後歸納各種現象，定出變化的原則。社會學者所最當注意的，就是社會演化的原因與影響都不是單純的，乃是複雜的。我們要注意不可爲單一的，單線的(Unilateral)解釋。

現在從社會的要素與社會組織上皆可推論變異的原則。今分別敍述如下。

一，人口　社會中有無數的人活着，因爲人口是新陳代謝而人類是繼續永存的，所以社會是動的，不是靜的，是變異的，不是一成不改的。人口不增必減，絕不能是固定的。人口的增減要影響社會的組織。人口的聯合，融合，分歧，競爭，衝突，都是社會上重要的現象，所見的影響很深遠。歷史上的現象有許多可以從人口的變動上推測原因的一部分。中國因人口過剩的原因，向海內外殖民。如福建廣東兩省的人卽往東南兩方面一帶殖民，最南直抵大洋洲諸島，澳大利亞洲及新錫蘭諸處。東至夏威夷羣島及美洲的南北各邦．山東山西直隸各省的人往北方殖民，東北至俄國沿海諸洲，西北也遠出新疆以外．四川，雲南的人也有向外膨脹的趨勢．這種遷徙的情形都有大影響於經濟，政治，文化各方面．至於人口的變異，又是生物學上遺傳的大問題．

二，自然環境　社會的生活，與社會的職業常爲他的自然環境所制限．既如本書第四章所述．自然環境的改變當然要影響社會生活．牧畜民族逐水草而居，等草盡水絕，他們就要遷徙．中亞細亞的塔里木盆地在古地質年代本是一個內海，他的周圍都是河流所灌的肥沃區域．後來內海乾涸，河流滅跡．昔日民族繁盛之邦，竟變成荒蕪不毛之地．所以有民族的大遷徙．又如歐洲的北海在中世爲商業最盛之區，後以產魚減少漁業衰落，所以漢薩聯盟（Hanseatic League）及都會也相繼衰靡不振，而新國家的勢力大興．中國的物質科學向來幼稚，操縱自然的知識與能力遠在歐美人之下．所以受制於自然環境之點更多．例如河口的開決，可以使無數的人民流離失所．地方的旱潦可以使無數的人民衣食無着．卽如上文所說歷史上幾番人口的遷徙，考其原因，一部分也是由於自然環境的改變.

三，人的心靈　各人的心靈是不相同的.心靈的變異也引起社會的變異.無論在何種社會總可發見出奇立異與衆不同的個人.出奇立異的個人雖然不必是於社會有好處，但是人的心靈的變化常是社會變異的一個重要要素.人的性質的變異是遺傳研究上的一個問題，是一個生物學的問題.現在不能詳論.但是社會的演化有由於個人的原因的，我們就可推到心靈的要素.例如歷來的發見，發明，都是人的心靈變異的成績.有天才的，做領袖的也都是因爲他們的心理成態與普通一般人不同.發見發明都引起社會的變化，有時可引起急激的變化.至於那個變化是好的或是壞的，是社會的福或是社會的禍.那另外是一個問題.天才，領袖的發展也都引起社會的變遷或遺留巨大的影響於社會.歷史學者考求歷史的變遷常有推到各種人物的.

社會心理的變化常是社會變化最重要的原因或結果，比個人心理的變異更爲重要.社會上風氣，輿論或觀念的改變是重要的社會現象.社會心理常是偏於保守的，但是他的變化也是不斷的發現例如民國成立十年，現在除了喪心病狂或別有目的的以外，絕沒有主張恢復君主制度的，這足見社會心理的改變．又如風靡一時的服裝，常翻陳出新，風靡一時，更是社會心理上常見的例．社會心理的改變常是遲緩的．因爲社會上的變動總是個人或少數發端，而多數服從效尤．最終更以多數或社會的壓力強迫不服從不效法的少數，使他們服從效尤．

四，交通方法　交通方法是社會生命的媒介．交通方法的變化必也引起社會的變化．如關於文字，印刷，運輸器械的發明與應用，大改社會的舊觀．如電信，電話，電車，電影，自動車，留聲機器的發明與應用，也引起社會生活劇烈的變化．

五，制度　制度的性質是保守的，不易變化．特以年代湮遠的制度，如國家，教會，更難變化，因此最易惹起激烈的革命．但是制度也不能逃開變化的．因爲維持制度的是人類，人類有變遷，制度也就不能不變遷．不過制度的變遷能否趕得上人民心理的變遷是要注意的．假使一個制度已根深蒂固，爲一般老人所擁護蟠踞，不肯輕易改變，必容易引起推翻制度的運動，那就是政治的或社會的革命．制度因爲人類有變遷所以不斷的有微末的變遷．若於人的變遷之外更加其他情形的變遷，則變化的痕跡更爲顯然．一種制度移轉地方到了一個新的環境，必然顯出變化．例如佛教在那各民族間的派別，情形各不相同．基督教會在各地方的情形也各不相同．國會制度本爲英國產物而易地則性質不同．教育制度雖各國轉相倣效，終也必至狀態不同．

制度中最難改變的就是政府．凡執政有年的大概都執因襲的態度，願意循『祖宗成法』不肯改絃更張．他們的保守性常由於保守舊制，是爲保持他們的利益．有時保守『祖宗成法』就是保持他們的生計，保持執政者的財貨．況且行政官吏執政日久，養成深的習慣，思想見解不易改變，所以政治的保守性似乎更大．但是政府也因爲人員的變更也不時的改變．特以政治常帶人的彩色，一個時代的政治常顯出當時當局者的性質．政治制度雖沒有大的改革，但是政策常不相同．試研究歐美各國的政治，可見其政治上的變遷．

其他制度如家庭，遊戲，鄰里，都會，國家也常有變異．學校因生徒一代一代的不同，所以也改變精神．常見精神最好的學校於幾年以後竟變爲極腐敗的學校．

綜上所述各端，可見社會是一個動的社會．人的生命是活動．人類社會的生命也是活動．假使對於動的社會，力求靜止，那就是違反生命的原則．演化是自然的程序，社會全體無時不在演化之中．試分析社會各部分，各要素也無時不在演化之中．從教育方面看來，社會演化的事實有可注意的四點：

一，教育事業不是純粹保守的事業．舊的事物應否保守，是另外一個問題，但是不能因爲是舊的就必須保守的．教育是社會的一種程序，當然可以受社會變化的影響，若社會上事物有變化而教育事業不能應之變化，教育就失其作用．

二，社會變化是複雜的不是單純的．社會變化不是由於一源．我們承認教育是社會改革的重要要素，但是我們不能承認教育是社會改革的唯一要素．普通人說現在社會腐敗政治腐敗，什麽方法都不能挽救，只有教育．又說現在改良社會，澄清政治，什麽方法都沒有，只有教育．這都是一孔之見，不知社會的性質的．現在興辦教育必須有經費，但是地方政府，中央政府都是腐敗，財政不能公開，經費無所出，教育仍不能進行.所以從事教育者因爲熱心於其事業,往往將社會變化的性質誤解.不過從教育方面看來,我們相信教育是社會中一個最要的程序.因爲教育傳遞文化的效率最高,更因爲教育是改造個人最直接的最有效的.

三,社會變化是相連的.一種社會變化的原因同時又爲他種社會變化的結果.所以教育不是獨立的.一方面他可以影響社會現象,他方面他也受社會現象的影響.(參看第一章)熱心教育家常以專心教育不問其他自負.若謂做教員的不應兼充議員兼充官吏,職業須有專責,則此言不爲謬.若爲專心教育,即對於教育以外的,政治的,經濟的,國際的,勞働的事情都不聞問,那個所辦的教育,一定是無用的.從事教育的勢不能不注意教育從社會上所受的影響,也不能不顧慮教育及於社會的影響.學佛的人可以在人跡罕到的山巔研究佛學,不問世事.教育家是不能不問世事的.他的事業要常常與社會情形相比較.

四,社會時時在演化之中,所以社會的制度沒有一成不改的.人類對於社會現象既常定一元的解釋,又常好尋一勞永逸的解決,令人不注意社會演化的性質,常欲得永久的制度保持永久的效能.要知世上既無治百病的萬應靈丹,也沒有可以永治一種病的藥.所以教育制度沒有理想的完全無缺的,一旦成立可以永久保存的.所有的教育都要時時順應他的社會情形.從人類教育史看來,可見教育制度曾經過許多的變化,教育方法也曾經過許多次的更改,教育資料,曾經過許多次的增減.

遺傳與教育

本章說人類有遺傳.但遺傳與教育究有何種關係,頗可研究.遺傳包括三層的意思:

(一)子體與親體的形體相似.

(二)子體與親體生命的初級狀態相似.

(三)子體發展的傾向趨於親體發展之途徑.

普通所謂遺傳就是指這三方面而言.所以人的形體性質的大部分已經由父母先天的限定.

從適應環境的方面看起來，遺傳是一種種族的適應．人類在長久的年代裏代代相傳，死者與生者相銜接，是靠着生殖．但是在前後兩代繼續之中，個人雖有死亡，種族卻綿延不絕，保持大體上的齊一（Uniformity）的，就是靠着遺傳．子體的形態發展既然與親體相彷，所以種族與個人都能適應於那些經過長久時代而不變的生活狀況．假使人類沒有遺傳，生命雖然藉着生殖得以繼續，但是對於那些固定不變的生命狀況都要每代重新努力適應，生活上一定是異常困難．所以遺傳常是一種保守的勢力，並且是經濟的方法．保守的勢力因爲一代一代的人類都歸到一種固定的型相，經濟的方法因爲一代一代的形體狀態，性質有了這種遺傳卻省去個人的適應．

上邊所述遺傳的要素都是積極的一方面，在消極的一方面，子體與親體沒有完全相同的，多少總有些變異（Variation）．世上人雖然大體上都相彷彿，但是不能完全相同的．不過大體上的相同既然如此顯著，這微細的趨異關係甚微．普通所謂人性卽是指人類大概相同的性質．

但是人類所生活的環境不全是固定不變的．生活變化，環境也就逐漸變爲複雜．生活的能力也就加增．因爲這些環境的變化不是定期的，不是預先可定的，所以要時時有變化的適應的能力，纔能應付．人的學習就是發展新的適應的能力．所以種族藉着遺傳對待固定不變的環境，藉着學習對待那變化不定的環境，前者是與生俱有，後者是由個人的經驗習得．前者是自然，後者是人爲．

從生物學的研究看起來，以上的遺傳與學習也可以看做先天的和後天的氣質．一個人初生下來好似一團傾向，或可發展的能力，這就是他的先天的，固有的，與生俱有的氣質，直接的從他的父母得來，間接的就是從父母的父母得來，追溯起來，可以溯到無極的先代的父母，總之就是種族的遺傳．一個人生活在固有的一個環境裏，他要與環境相接觸，相啓發，相調和．他的後天的氣質就是由接觸適應的程序中所獲得的．所以生物學者常分別二者爲遺傳（Heredity）與獲得的氣質（Acquired Characters）．據德國威斯曼（Weismann）的學說人身細胞別爲兩種，一種是原始細胞（Germ cells），一種是身體細胞（Body cells），兩者各不相關．普通的遺傳所傳的只是原始細胞，不是身體細胞．所以影響身體細胞產生變化的勢力不能影響原始細胞．這個結果就是子體與親體所得先天的遺傳大概相同沒有什麽大出入．親體一生所受的影響(卽後天所獲得的影響)，不能傳給子體的．生物學者分別身體上的變化（Somatogenetic modification）與胚胎上的變異是兩樁不相關的事換一句話說就是獲得的氣質不能遺傳．

這個原始細胞遺傳的學說是威斯曼所首創的．威斯曼的學說之外，如孟德爾(Mendel)的一派，對於他的學說只看做一種假定或臆說，不能據爲證實．但是他的獲得的氣質不能遺傳的學說，却爲多數生物學者所承認．言語，禮節，服飾，職業乃至道德，理想都要一代一代的重新學習，並不是由遺傳來的．所以教育家的責任是繼續不斷的．前一代的教育纔完後一代又要受教育．前代所努力學習的，後代也要照樣的努力學習．

如上所述獲得的氣質不能遺傳，前代後天的氣質不影響生殖，所以不能在生理上傳給後代．據現在生物學者的研究，此事已無可疑．如是則教育家的事業只能奏效於受教的個人，而不能留永久的成蹟於人類。從一方面看來，這是人類最可悲的。因爲人類幾千百代學習的結果，並沒有現出種族之進步；人類教育雖然行了幾千年，人類並沒有什麼改良，教育家每次所陶鑄的兒童的氣質都是相似，沒有什麼大進步。教育家的事業真可謂徒勞而無功，所以自從威斯曼以後，教育家覺得他的事業不能有積久的經久的結果，失去熱心失去希望。但是從另一方面看來，教育在遺傳不見積久的結果正是教育的大希望，也正是人類最大的幸福。以先相信獲得的氣質遺傳的人，以爲教育變化氣質可以傳遞給後代，所以教育是改良人類一勞永逸的方法。但是假使後天所變化的氣質可以遺傳，那所變化的不必都是好的，所以蕭伯訥說：『遺傳的迷夢一破……沒有世襲的治者，也就沒有世襲的地痞。』（見人及超人的序第十二頁）因爲獲得的氣質既然是善的惡的兩方面都有，所以沒有世襲的治者或者是社會上不幸的事，但是沒有世襲的地痞確是人類的幸事。所以獲得的氣質不能遺傳是利害相抵，並不是人類教育的可悲的，實在是可賀的。

獲得的氣質不能遺傳，不特是利害相抵，並且是教育家運用他的能力唯一的機會.因爲兩親獲得的氣質不遺傳於子女,所以發達成極好的國民.這是外國已往的經驗.中國的歷史上也似承認與此相近的道理.如瞽叟之子有舜,舜之子有丹朱,鯀之子有大禹.孔子也說『犂牛之子騂且角.』因爲惡影響不能遺傳,所以兒童都像柔木一樣可以按着他的性質揉成一定的形像,又像泥土一樣可以按着我們的理想,塑成一定的狀態.教育家最神聖的職能就是在此.

美國哲姆士說:

『因爲不承受固定的本能的傾向,所以人纔可以用他的理性重新發明新的原理,判定各種新事件.人是最上乘的可教育的動物.假使習慣遺傳的原則現於人,他一定不能達到人類的完滿.我們考察人類種族,常見起首最本能的大概結果也就是最少教育的.』(心理學原理,卷二,三六八頁)

第十四章　社會演化與社會進步

社會演化是一個事實.既如前章所述.現在當更進一步研究他如何演化.我們可以從演化的道理推知人類社會進行的趨向,測定人類社會的前途.

演化的觀念,本來是生物學者發明的.自從達爾文闡明生物演化的事實以後,演化的觀念卽逐漸應用於各種事物.斯賓塞倡宇宙演化之說,梅因(Sir Henry Maine)按演化的觀念研究法律.所以現在不特宇宙現象,自然現象,生物現象,卽一切社會現象也都按着演化的觀念去研究.無論何種現象都是演化程序中的一段.要想知道那個現象的由來與發展,就應該研究那演化的次第.所以現在各種科學的研究常注意演化方面.如研究地球,必研究地球的演化.研究人類,必研究人類的演化.

演化的觀念既然應用在社會現象上,生物學上關於解釋演化的道理也就爲社會學者所採用.演化包括兩重程序.一個程序是變異,已如前章所述.一個程序是自然淘汰.自然淘汰(Natural Selection)嚴又陵曾譯爲天擇.淘汰是指消極方面,汰除其不能生存者.天擇是指積極方面,擇留其能生存者.兩者是一個程序的兩方面.自然淘汰的成立,包括以下三條件.

(一)生物的增加多過食物的增加.世上生物的種類,與每種生物的個體都生

殖繁多，而世上所生產的食物有限，所以種類間個體間發生生殖過剩的現象

(二)因爲食物有限所以種類間，個體間爲食物而競爭，發生生存競爭的現象．生存競爭嚴又陵舊譯爲物競．

(三)無能力競爭的滅絕，有能力競爭的生存，生育幼稚，蕃衍他們的種類．

這是生物學者所承認的自然淘汰的道理．生物界的現象，生物演化的情形，都可以用自然淘汰的道理解釋．衆生物中有生存的，有被淘汰的，都是因爲生物界中有生存競爭的事實，達爾文所主張的演化論可以用兩句話包括．就是『生存競爭，適者生存．』適者就是適於生存的意思，至於在道德上適者是善的或是惡的，是好的或是壞的，那另外是一個問題．

對於達爾文物競的學說加以重要的修正的就是俄國克魯巴金(Kropotkin)的互助論．克魯巴金雖然是無政府主義一派的健將，但於生物學及地理學的研究造詣也極博深．他觀察生物界及人類界的現象看出生存不是由於競爭，是由於互助．又俄國的諾威克夫(Novicow)也用互助的道理說明社會的現象．互助誠然是

自然演化中的一方面．但是誤解克魯巴金的學說的竟以爲達爾文所說的生存競爭是莫須有的．生物的演化與進步完全是由於互助．要知互助不過是競爭的一方面．克魯巴金原書的題目是『互助演化的一個要素』足見不是惟一的要素．達爾文在物種原始上曾言生存競爭以同物種諸個體及諸變種間爲最烈．（參看原書第三章）要知他專注意在動物的生存．用競爭以說明生存與生殖過剩的事實．互助是競爭的一種方法，但是必須具兩種條件，纔能成功．一個條件是有互相輔助的能力．例如寄生植物靠着鳥類傳播子實生存，寄生植物與鳥類雖然可以勉强着說有互助——這個互助是自然的，不是意識的——但是寄生植物之間就沒有互助．動物互助的例，如蜂，蟻，猥，成爲羣居的生活都可以說是有互助能力．又一個條件就是互助以後食物仍不至有缺乏之虞．如達爾文所說同物種之諸個體，居同一地方，需同一食物，受同一危險的，除非他們能夠另闢食物根源以外其勢不能互助．因爲假使互助必至食物缺乏，兩者都不能生存．所以互助不是普遍的．低級的生物，同類互助的現象甚少，一則因爲他們沒有互助的能力，二則因爲尋覓食物的能力有限，所以互助不行.高級生物生存的要素益加複雜,不單靠着食物.他們羣居的生活也不能靠着個體間的競爭,所以互助變爲重要的.總之,互助是競爭的一種方法.克魯巴金的互助論是補助生存競爭的理論,不是代替生存競爭的理論的.

自然淘汰可以說明一切生物的現象,已無疑義.社會學者也用來說明許多社會的事實.前章討論社會演化及變異,然變異如何能保存,如何被淘汰,則可藉自然淘汰的道理說明其一部分.但須知人類社會的情形複雜,不能全用自然淘汰的道理解釋.

人類是動物的一種,他的物質的生活與一般動物相似.他須有生存的能力,如抵禦寒熱,抵抗疾病,尋求食物,纔可以生存.從此看來,人口的生存是靠着自然淘汰的.但是人類的淘汰不全是因爲自然的原因,還有社會的原因.疾病可以淘汰人口,因爲能抵抗疾病的就可以生存,不能抵抗疾病的就必至死亡.但是人類的習慣如飲酒,不衞生,社會的制度,如關於婚姻的禁例,巨額的租稅,社會的情形,如生活程度,失業,皆足以限制人口的生存.人口的生存不能全靠着自然淘汰的.

人類的生殖能力，一部分要靠着自然淘汰，一部分要靠着其他狀況．例如世界上的人種有生殖力强的，所生殖的多而速．這種人當然要漸漸代替那生殖少而遲的種族．在普魯士東部的波蘭人就因爲生殖力强漸漸排擠普魯士人，有取其地位而代之之勢．歐美各國的屬於天主教的生殖率都比屬於基督教的生殖率高，所以天主教的人口加增．美國的人口，從外國來的移民的生殖率比美國土著的白人的生殖率高，所以美國人有對於土著的白人滅絕的恐懼．此類事實都可以用自然淘汰說明的．生殖力低弱的當然要受淘汰，生殖力强大的當然要被擇留．但是因爲社會的情形複雜，人口的生存又不全爲自然淘汰所限．生殖力强固然可以生存．那生殖力雖然不强而因爲衞生醫學都有進步，能抵抗疾病的也可以生存．反之，生殖力强而不知衞生術的反容易被淘汰．

人類住居的地方也受自然淘汰的限制．一個地方的盛衰常由於他的形勢，位置．地球上各地方有發達的，成爲工業的商業的農業的或礦業的中心，也有衰落的，各種產業都退化凋喪．有同一地方而因時代不同有發達的，有衰落的．這都不是偶然的，都是經過一種自然淘汰的程序。例如上海，天津，漢口諸處，在海運河運發達之先，並不是重要的地方，現在變爲工商業的中心。又如一城之內各區域也自然漸發展爲各種專門事業的區域。例如上海與北京兩處洋商，銀行，書店，報館皆各有區域，或聚集於相鄰近之處。一地方的發達，或一地方的某種事業的發達，都是一種自然淘汰的程序。總之凡商港，製造，商業，住宅的位置，有發達的有不發達的，有適宜的有不適宜的，都是自然淘汰的程序。

各種交通方法也是有競爭的。現在凡鐵路開通之處，騾車，轎子的交通方法卽漸被淘汰。汽船開駛之處，人力撐搖的木船的功用卽見減少。市內的電車，脚踏車與自働車漸代人力車與轎子。這都是適宜的交通方法漸取不適宜的交通方法而代之。交通方法的成功或失敗常與交通系統的大小作正比例。鐵路，輪船，電報，電話，新聞，都是系統大的，在自然淘汰的程序上，得勝的機會多。况且大系統的交通方法，很容易併吞那小系統的。例如大鐵路公司常有併吞小鐵路公司的趨勢。交通方法是便利人的接觸的，所以凡是便利人的接觸的都有存留的價值。但除了便利接觸的方法以外，還有其他標準，也決定存留的價值．敏捷，經濟，時間準確，與系統廣遠都是重要的標準．如火車，自働車，都是以敏捷制勝．市街電車，郵政都是以經濟制勝．交通方法在時間上不準確的卽不易爲人民所採用．例如北京的環城鐵路，因時間不準確，人多不肯乘坐．因爲時間不準確卽失去敏捷的效力．系統廣遠如上所述可以有得勝的機會多．現在世界上的交通多有聯絡，如電報，郵政，鐵路，汽船，國際間或各公司間現在都有聯絡．

社會組織的淘汰有兩種方法．(一)社會廢除一種組織，採用一種新組織就是一種淘汰．又如一個社會滅亡，那社會的組織也就隨之滅絕，這又是一種淘汰．例如學校的組織的體制的淘汰，有由於固舊的體制不適宜，廢棄舊制度而採用新的組織的．也有因爲那組織不適於行政或社會生活，終至學校無人維持或負責，學校停閉而組織隨之俱沒的．社會與他的組織或組織的觀念都是相連的．社會所以能永遠存在的就是因爲他能够廢除使他失敗的組織，採用可以使他成功的組織．制度，組織，或組織的觀念所以能存在的也是因爲他能夠輔助那個社會的生存，維持他的存在.

社會的風尙,道德的標準,有成功的,有失敗的,都是淘汰的程序.他的成敗的理由就看他能否維持人的共同生活,或滿足人的團體的需要.教育上不正的理想常被淘汰,因爲凡是抱不正當理想的,教員終久一定失敗.必至被排擠到教育的事業之外.否則必須改變他舊有的理想,採取一個新的理想.凡是有正當的理想的教員,如果對於所授科目有充分的知識與充分的教授方法,(假使社會能容納此種教員)自然可以永久從事於教育的事業,並且使教育事業發達.

各人在社會中入何種階級,或入何種職業,從一方面看來也是一種淘汰的程序.各人所從事之職業,固然由他的志趣,他所受的教育,他家中所有的資產,與他的環境中各種勢力諸條件決定.但是他的事業的成敗,他的位置的升降,都是一種淘汰.屬於個人的要素,如個人的性格,教育,是已定的是不易改變的,但是他在那職業團體中能否適合,個人的技能勝任與否,個人與他人的接觸融洽與否,要看他與同業者的關係如何,必經過淘汰的程序.如同業者技能或學問優強而自己不能勝任的，在那個職業團體中就立於落伍者的地位．如在一種職業團體不能與同業者通力合作的也自然立於失敗者的地位．所以職業階級裏永遠有貧富成敗的分別．這種分別不是預定的，也不是由個人決定的，大部分是一種淘汰．

職業團體中的競爭有三種：（一）各人選擇他自己的職業．各種職業任幼年的選擇，就中有被選擇的卽有被淘汰的．（二）同業者間的競爭．凡屬同業者，能力不必皆同，結果能力弱者卽被淘汰．此種競爭時時可見．不過因爲社會情形複雜，有時被淘汰者不是能力弱者，乃是不能同流合汙者．（三）各職業團體間的競爭．各種職業團體都各爭求權利，謀團體的發達，博社會的稱譽．這個競爭情形在歐美諸國，資本階級與勞働階級之間發現最烈．凡利害相衝突的職業團體競爭的情形都是激烈．假使職業團體間的競爭強，那同業者間的團結力合作的精神必也與之俱強．以上所說係假定各人能自由選擇他的職業．假使職業是世襲的，各人出世以後，職業既已決定，沒有選擇職業的自由．職業選擇上就沒有淘汰．假使同業之組織堅固，加入團體的資格限制極嚴，同業者間也就沒有競爭．

生物的演化向來都是自然淘汰的結果．如上所述，社會現象也現出自然淘汰．這一種保存效能的方法的好處就是使人民努力，進取，適應於他們的環境，以維持他們的生存．人類沒有競爭就變為萎弱，怠惰苟安．我們既然承認生命是活動，人類的生存就須不斷的活動，但是那活動之道多端，那活動最適宜的，最能維持生活的當然可以制勝．所以自然淘汰是不能免的，是維持效能必要的程序．但是那自然淘汰的壞處就是包括着競爭衝突．競爭衝突是最耗費的．人類社會雖然不能完全脫離自然淘汰的程序，但是有一部分的自然淘汰人類可以用他方法代替的．

人為的淘汰代自然淘汰

自然淘汰是時時進化不已．無論人民願意與否，無論有社會組織與否，自然淘汰常是在那裏進行的．但是人類演化的特色與一般動物不同的，就是能夠漸漸的干涉自然淘汰的程序，改變自然淘汰的趨向．人類的智慧逐漸增加，已能支配自然界的勢力，更能支配社會上各種狀態．人類不特能用智慧將生活的情狀改變，將已有的制度，組織廢除，並且還能發明新的制度，新的組織，以應時代的需要．

人爲的淘汰是有意識的，有目的的淘汰。他與自然淘汰不同之點可從三方面觀察。

一，自然淘汰是耗費的。草木生長，自然的播種須千萬個，而只得到一個種子的收穫。這是自然淘汰的程序。疫疾流行，身體強健的抵抗過去得以生存，身體萎弱的不能抵抗，遂致死亡。這也是自然淘汰的程序。人爲的淘汰是經濟的。人類就着土地的範圍，性質，選擇那生長的種子播種。所以所種的種子大概都能生長。人的播種減去巨大的犧牲，就是減去巨大的耗費。對於疫疾爲相當的預防，相當的治療，無論身體强壯的或萎弱的都可保存生命，不致喪失生命，也是減去許多生命上的耗費。

二，自然淘汰的方向是不定的，蜿蜒的，如河流就是一個例。人爲的淘汰是有目的的，所以他的方向是直的，如人工所開通的運河，所造的火車路都是最顯然的例。

三，自然淘汰的標準與人爲的淘汰不同。前者以適於自然的環境，能在自然環境中生活爲標準。後者以適於人造的環境，能在社會上營共同之生活爲標準。前者要按着自然狀况發展，所發展的情形在社會生活上未必是必要的，但是在自然狀況之下是必要的.後者按人造的制度發展,這個發展是於社會生活切要的.

總括以上三種分別,人爲的淘汰的特色可以說是經濟的,有目的的,有標準的.所以人爲的淘汰也稱爲有目的的淘汰或唯理的淘汰.人類的進步就靠着那人爲的,有目的的淘汰.自然淘汰從自然方面看來或者是有目的,但是從人的立足點看來,未必與人的目的相同.人的目的是按着人所定的價値(Human values)而定.人的價値以人爲本位,以人的共同生活爲本位.凡可以使人發展或使人的共同生活發展的都是於人有價値.自然淘汰是不管人的情形如何,時時進行不已,所以對於人的價値是無關係的.一旦人的智慧增加,人可以用人的智慧按着人所定的目的,按着人所認定的價値,干涉自然的演化,而代以人爲的演化,那就是有目的的進化.例如土地一塊,草木雜生.就中有滋榮的,有凋謝的,有茂盛的,有枯槁的,他們的生長衰亡完全依着適應自然的情形如何而定.能順應自然(卽土壤,水量,氣候,熱度,蟲類諸要素)或抵抗自然的,卽能生存繁殖.不能順應自然或抵抗自然的,必致衰亡絕滅他的種類.這個自然淘汰的程序是時時進行,與人的行爲觀念,完全無關係的.

一旦人類將此地開墾，芟除雜草，專培植穀類，對於穀類植物生長的自然狀況加以注意，如與以適當的水量，加以需要的肥料，這就是人的行爲干涉自然的程序。人類按着他所認定的價值，支配自然的演化。又如河流奔馳，按着自然的地理的形勢由高處向低處流，在平原或下流地方自然成蜿蜒的形狀。人若濬修河渠，建設堤防去其蜿蜒的支節，求其直徑的河道，便利交通，避除水災，這也是人的行爲干涉自然的趨勢。使自然的程序適應人的目的，服從人的利益。以上所舉不過二例，但人類進化史上所有的事實都可取來做例證。從此點看來，人類的進化就是人爲的淘汰，逐漸增長勢力，擴充範圍，支配自然的淘汰。但是我們要注意的就是人爲的淘汰不能完全取自然淘汰而代之。人類始終要受自然的制限的。他的最大最高的能力不過是將自然程序的方向改變，使其服務於人的利益罷了。

人爲的淘汰可見於社會的各方面，今試分別略述幾端。例如一地方的人口差不多完全由自然淘汰選擇，但是也有社會的風尚爲淘汰的標準。此外社會上有許多機關都不靠着自然淘汰而代以人爲的淘汰。如軍隊募集兵士，工場招集工人，學校召收生徒，都各有一定的標準以定去取．考試選擇都按着人爲的標準．在人口淘汰上，人的勢力抵抗或支配自然的勢力．現在學校多設衛生學科，專門學校與大學校設專門醫學的教育，各國皆有檢查或考驗醫生的法律，各國都市皆建設自來水以爲飲水衛生，對於建築也各有規定，對於食物實行檢查監督，對於傳染病爲預防隔離．凡此種種都不是順着自然，都是用人的勢力代自然的勢力．社會對於人口的量與質皆可有目的淘汰．如人口過少得用獎勵的方法或提倡早婚或提倡大家庭，（大家庭係與小家庭相對而言．所謂小家庭制度卽限制子女至多不得過三人）．或鼓吹輿論，或設立法律，或注意嬰兒衛生，協助爲母者獎金，皆可以人意改變人口的情形．如人口過多則可用與此相反對的方法．如對於大家庭徵收捐稅．這是關於量的支配．以先關於人口體質與性質的淘汰是委諸自然的．疾病，饑饉，死刑，戰爭曾淘汰了許多有殘疾的人口．現在醫學進步，有許多的疾病都可治療挽救．世界交通進步，運輸方便，加以農產物的量加增，所以饑饉的勢力也不若以先的大．現在刑罰減輕，犯死刑的犯罪種類減少，有些國家完全將死刑廢除，所以死刑淘汰的勢力也被廢除．近代戰爭的性質改變，各方專藉着科學的利器戕殺人類，現在戰爭不只靠着驍勇之氣還須有高等的智慧．所以戰爭雖然還是淘汰的機關（Agency）但已改變性質．設將來人類可以停止戰爭，那戰爭淘汰的勢力也就沒有了．美國對於外國有殘疾的禁止登岸，美國各州有禁止有殘疾的人結婚的．又如患精神薄弱症（Feeble mindedness）的人生殖力最强，據調查看來常二倍於普通的人口．所以文明國家對於精神薄弱症及其他精神病態者常不許結婚．總觀以上所舉各端．可見現在人爲的制裁已漸對於人類的體質與性質有淘汰的勢力．近代自從生物學進步以後，漸引用生物學上所發見的道理應用在人種改良上，成爲優生學（Eugenics）．優生學者所主張的現在誠然有許多不能實行的，但是他在消極方面，預防的方法如對於有那確乎遺傳的疾病的人禁止結婚，那是當然可實行的．將來如關於優生學的研究試驗有進步，更有可實行的．所以就人口方面看來，生殖仍然是自然的程序，但是人類對他已經有相當的制裁了．

人類最初對於地理環境是被動的．他要經許多困難，許多試驗與失敗，纔漸漸能利用他的地理環境.所以一個地方的產業,無論是農業或工業,都是自然淘汰的結果.最適宜的得以保存.但是這是最耗費的辦法.枉費了多少人的精神,財富,纔可以使少數人的發展那產業.多少人的失敗造出幾個人的成功.近代科學知識增加,人類可以利用科學的知識利用地理的環境.如分析土壤,調查氣候,選擇種子,卽可使農業進步.又如地質學者調查地質尋訪礦源,採礦專家有採礦的方法,這都是靠着人力,利用環境.所以現在的人對於他所住居的鄉里都有應該知道的知識.各地方的學校對於關於鄉土的知識應該教授.

都會的發展以先也是委諸自然.考世界上各古都會,形狀頗不齊整,因爲他們以先的發達都是隨着自然的形勢,沒有全體的計畫.新的都會都是先有計畫.街道,溝渠,植樹等等都有一定的準則.

機械的交通的方法本來是人爲的勢力,交通的計畫也是人意的表現.現在敷設鐵路,添設驛站,都要體量交通上情形分配於各地.絕不是隨意的,偶然的,專按着自然情形的.所以國家對於交通一定須有一種政策,一種計畫.如鐵路,運河,電報,電話，郵政，輪船，雖不爲國家所經營，也爲國家所取締，限制．國家支配交通制度，是現在普遍的情形．

在物質方面看來，社會的最寶貴的產業就是自然財源 (Natural resources)．自然財源是地質年代的產物，是人類以前所貯蓄的財源，我們現在的生活無時不依賴他，我們利用那財源，愈用他也愈減少．如煤，鐵，石油，現在是人類生存上必需的物品，但是他們存留在地面下的量積有限，將來必有日少之勢．以先人類不知如何利用他們．後來因爲知識進步，所以不讓他們受地質的自然的變化，而爲人所利用．現在更進一步要知如何最經濟的利用他們．不能浪費的使用．美國是自然財源最豐富的國家，他的人民也是最浪費自然財源的人民．所以他們有遠見的鼓吹保存自然財源的運動．中國的自然財源也是最豐富的，現在多未開發．如東三省的大森林，山西，直隸，山東的煤田，湖北，湖南，安徽的鐵礦都不應該漫無制裁的採發．文明國家對於自然富源類皆加以約束．最危險的就是自然富源在私人企業家之手．企業家專以目前的利潤爲本，沒有遠見．所以爲目前的利盡量的開採，不管將來的情形如何，要知自然財源是人類共有的資本，不特須人類所共享，且此後人類的子子孫孫對於他們也有一部分的權利．所以現在人爲的勢力都傾於支配與利用自然富源的方法．

社會的風尙與制度受自然淘汰的程序，已於前章說過．風尙制度也漸漸爲人的理智所支配．風尙可以隨人意改變．社會的領袖鼓吹提倡，可以移風易俗．思想界的領袖主張一種理想，可用爲社會全體的目標．近年來我國的禁烟（這是說禁烟初年的情形）禁纏足，推行國語，諸事業都是人的努力代自然淘汰．風尙若任自然演化可以變到極野蠻的狀況．如吸鴉片烟不爲世俗所鄙薄，不爲法律所不許，勢必至人人皆得吸烟，那鴉片流毒必至猖獗，或且以能吸博世人的稱贊．當纏足爲風尙的時代，不纏足的女子，不易出嫁，終至以脚小爲美觀，脚小的也最能博人的讚譽．現在風尙改變，少年學生都不肯娶纏足的女子．八股文風行的時代，人人皆模習八股文．策論時代士子皆模倣策論的文章．最近國語爲生徒所必習．新的理想爲人所採用．於是新的風尙就有勢力．從此可見社會風尙是可改變的，並且可由人力支配的．

社會改良所以有希望的就是因爲人的智慧可以支配風尙的演化．風尙的自然演化可變爲有目的的演化．

制度的成立有偶然的，有意識的．偶然成立的制度是自然演化的結果．由意識而設立的制度是人工的創造的結果．凡政府所施行的政策，所制定的制度，是有意識的，有目的的，都是人爲的創造，不是自然演化所能演出的．政治家的才能就是在乎體察社會變遷的情形，使社會上各種制度適合於那種情形．制度是過去經驗所結晶的標準，時過境遷，那制度已不能適應現狀，就有更改之必要．但是改變舊的制度却不是容易的事．人因爲習慣的與成訓的兩種勢力，常喜舊惡新，不肯廢除舊制度．凡舊制度能夠成立，必然是曾成功的，必然有所以成立的理由．現在那個理由雖不存在，而仍然可以保存的．因此舊制度的壽命是長久的，常長過他應有的壽命．况且凡是一種制度沒有獨立的，必與其他制度相連．一種制度有變，其他制度必也隨之俱變．如中國的君主制度與家長制度是相連的，君主制度旣然推翻，那舊式的家長也就漸失了權威．又如中國的政治各方面是相連的．現在要改革一方面，勢必影響到其他方面。因此舊制度的惰力更是偉大，有積重難返之勢。舊制度雖然不容易改革，但是如與現狀絕對不相浹洽的時候必要改革的，不過那改革的方法有幾種，有迫於不得已被推翻的。如政治的革命，或革命之際推翻各種制度都屬於這一類。法國革命推翻君主獨裁政治，廢去貴族，將以先農奴對於勳爵的義務完全捐除。此種急迫的敏速的將舊制度推翻只在政治革命時可見。因為改革的急迫舊制度一旦推翻，新制度尚未成立，或名目上法律曾已成立而人民在習慣上尚未熟悉所以『綱紀蕩然』，惹起異常的擾亂。

政府在各種制度中是最高的，因為現在的強有力的政府大概都有政策，都有目的。那個政策未必確是正當的，但是既然有了政策就不是敷衍，不是游移，不是委諸自然，不是委諸運命，是靠着人的努力去推行一種計畫。所以政府的程序是一種有目的的淘汰。既使自然淘汰有他的目的，從人的方面看來也是不能承認的。至於政府的目的包函人民的理想，使人民的努力聯合起來以達到那個理想。假使有不遵從那理想或服從那目的，加以強迫，加以刑罰。自然淘汰使各人尋求其一己的利益，有目的的淘汰使各個體的利益服從全體的社會的利益。因爲政府的職能是要維持增進全體的利益，所以必須調和紛爭，以聯絡各方面的努力，均衡各方面的利益。世上的人各有許多的需要目的，但是有許多需要是團體共同的，由團體舉行較比一人獨自舉行容易，且省時間，省經費，可以滿足多數人的需要，可以達到多數人的目的。政府近來興辦此類公益的事極多，所以那社會淘汰的範圍擴充。政府的職權擴充，支配社會的生活情形而無妨害於個人的自由，可以說是社會的進步。國家的事業不能與個人自由的範圍相接觸。所以政府的有目的的淘汰必須有兩個前提。一個前提就是物質狀況的發展足以使政府有推行政策的機會。一個前提就是政府有十分的效率，足以擔負那推行政策的責任。假使沒有這兩個前提那政府的有目的的淘汰也就不能實現。試看現在社會的發達莫不是有開明的政府。開明的政府也可促進社會的發展。

以上所舉各種社會制度都是從自然淘汰漸改爲人爲淘汰。社會的演化，無論是在那一方面，都是人的勢力漸漸干涉那自然的程序。但是人的勢力的擴張還要靠着教育，輿論，思想，風尙的轉移，就中學校的勢力是最主要的。一國裏的教員提出一種理想灌輸給學生，如教授得法，學校的效率高，那理想就可以遍布於全國。在理想上看來，社會的改造要完全倚賴教育的方法。最初先造就教員，有了教員傳授給學生，以後再由教員與學生協力的改造社會，結果社會改造家的理想就可以實現了。這是從理想上推論，事實上因爲其他關係決不如此之簡易。第一社會的理想無論如何高尙，如何美備，要受人性的制限的，理想必須與人的根本性質不相悖乃能實現。第二人類有因於固常的心理。一個制度，或一種風尙既然存在極久，卽有相當的勢力，不易汰除的。所以推翻舊的制度也是不容易的事。但是在歷史上看來，社會理想的改變常有極敏速的。常有後一代的思想完全與前一代的思想不同的。這種變化可見教育的勢力。

教育是人類有意識的淘汰的方法。解決社會問題，改造社會制度，了解社會的目的，實現社會的理想全都要靠着教育。人的進化的三個要素就是智慧，努力與合作。訓練這三種能力也都靠着教育。所以教育是人類進化最主要的工具。

人類前途的希望在乎支配他的生活的狀況．人類自科學進步以來對於他的自然的物質的環境可以支配．但是對於社會環境的支配還是能力很缺乏的．現在社會上對於機械的發明可以有專賣權，可以獲利，但是若發明新的社會組織，創造新的社會制度，那就沒有專賣權，社會上對於那發明者不加褒賞．這是最不公平的．人類的前途就看他能否支配他所生活的環境，能否定出共同的目的為共同活動的目標．所以關於社會方面的發明是最切要的．如人類能羣策羣力以達到那共同的目的，那就是社會的進步．人類沒有自然的，繼續的進步．演化是繼續不止的，但是進步（進步也是演化的一種）却是稀有的．人類的進步要用智慧，努力與合作得來．智慧，努力，與合作又是教育的結果．

參考書目

第一章

嚴復譯：社會通詮

趙作雄譯：社會學及社會問題

Hayes: Introduction to the Study of Sociology.

MacIver: Elements of Social Science.

第二章

Smith: Educational Sociology.

Clow: Principles of Sociology with Educational Applications.

Todd: Theories of Social Progress. 的後二章

第三章

Aronovici: Social Survey.

Bowley: Social Measurements.

Mayo-Smith: Statistics and Sociology.

Rowntree: Poverty.

Rowntree and Lasker: Unemployment.

第四章

Baldwin: The Individual and Society.

Cooley: Human Nature and Social Order.

Hobhouse: Social Evolution and Political Theory.

內个人與世界章

第五章

Conklin: Heredity and Environment in the Development of Men.

Huntington: Civilization and Climate.

Malthus: The Principles of Population.

Thompson: Population: A Study in Malthusianism.

第六章

Hobhouse: Mind in Evolution.

McDougall: An Introduction to Social Psychology.

Drever : Instinct in Man.
Thorndike : Educational Psychology. 全本共三册，简本只一册

第七章

Conn : Social Heredity and Social Evolution.
Sumner : Folkways.

第八章

Goodsell : The Family as a Social and Educational Institution.

第九章

Groos : The Play of Man.
Lee : Play in Education.
Curtis : The Practical Conduct of Play.
Veblen : Theory of the Leisure Class.

第十章

Gillette : Rural Sociology.
Report on Village Education in India.
Harrison : Community Action Through Surveys.

第十一章及第十二章

Bryce : Modern Democracies.
Dewey : Democracy and Education.
Hobhouse : Liberalism.
Lowell : Public Opinion and Popular Government
Dewey : Schools of To-Morrow.
King : Social Aspects of Education.

第十三章及第十四章

Urwick : A Philosophy of Social Progress.
MacIver : Community: A Sociological Study.
Todd : Theories of Social Progress.
Hobhouse : Social Evolution and Political Theory.

中華民國十一年七月初版

（社會與教育一冊）
（每冊定價大洋捌角伍分）
（外埠酌加運費匯費）

著者　陶孟和

發行者　商務印書館

印刷所　商務印書館
上海北河南路北首寶山路

總發行所　商務印書館
上海棋盤街中市

分售處　商務印書分館
北京　天津　保定　奉天　吉林　龍江
濟南　太原　開封　鄭州　西安　南京
杭州　蘭谿　安慶　蕪湖　南昌　漢口
長沙　常德　衡州　成都　重慶　瀘縣
福州　廣州　潮州　香港　梧州　雲南
貴陽　張家口　新嘉坡

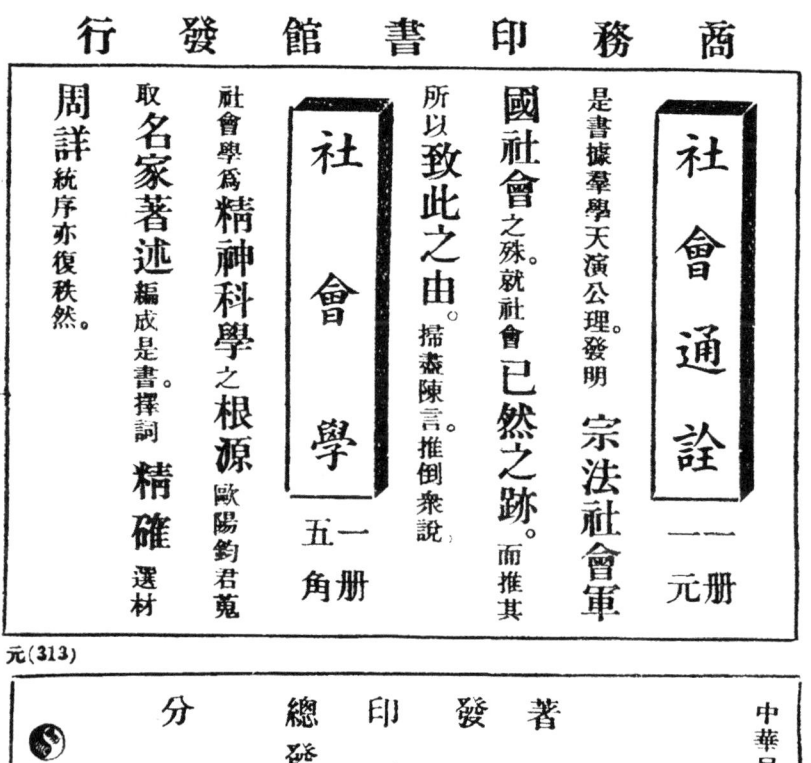

圖書在版編目(CIP)數據

社會與教育 / 陶孟和著.—北京：商務印書館，
2020
（北大教育學文庫）
ISBN 978-7-100-18937-8

Ⅰ.①社… Ⅱ.①陶… Ⅲ.①教育社會學—研究
Ⅳ.①G40-052

中國版本圖書館CIP數據核字（2020）第151588號

北大教育學文庫
社會與教育
陶孟和 著

商 務 印 書 館 出 版
（北京王府井大街36號　郵政編碼 100710）
商 務 印 書 館 發 行
江蘇鳳凰數碼印務有限公司印刷
ISBN 978-7-100-18937-8

2020年10月第1版　　開本 880×1240 1/32
2020年10月第1次印刷　　印張 9¾

定價：56.00元